图书在版编目(CIP)数据

丰臣秀吉时代 /(日)田中义成著;管秀兰译. --北京:中国画报出版社,2023.6
(日本战国三部曲)
ISBN 978-7-5146-2197-6

Ⅰ.①丰… Ⅱ.①田… ②管… Ⅲ.①丰臣秀吉(Toyotomi Hideyoshi 1536–1598)—传记 Ⅳ.①K833.135.2=331

中国国家版本馆CIP数据核字(2023)第001256号

丰臣秀吉时代
[日] 田中义成 著　管秀兰 译

出 版 人:方允仲
责任编辑:程新蕾
责任印制:焦　洋

出版发行:中国画报出版社
地　　址:中国北京市海淀区车公庄西路33号　邮编:100048
发 行 部:010-88417410　010-68414683(传真)
总编室兼传真:010-88417359　版权部:010-88417359

开　　本:32开(880mm×1230mm)
印　　张:8.5
字　　数:180千字
版　　次:2023年6月第1版　2023年6月第1次印刷
印　　刷:万卷书坊印刷(天津)有限公司
书　　号:ISBN 978-7-5146-2197-6
定　　价:58.00元

丰臣秀吉时代
とよとみひでよしじだい

[日]田中义成 著

管秀兰 译

中国画报出版社·北京

作者肖像

自去此依有御惱事御讓國于陸奧親王了不達日來之軍忠可遵懿旨繼雖有不虞御事深被憑思食候上者令勇官軍等殊可迎敵追罸之籌策於當山差云要害云祗候柴更不可有子細存其有可令下知軍勢著給者天氣如此

庚戌三月謹躰
後醍醐天皇遺勅

義成

目录

第 1 章
绪 言 … 001

第 2 章
丰臣秀吉的身世 … 003

第 3 章
丰臣秀吉生平 … 009

第 4 章
高松之战 … 015

第 5 章
征讨明智光秀 … 025

第 6 章
明智光秀覆灭后的善后处理 … 029

第 7 章
柴田胜家与丰臣秀吉 … 033

第 8 章
贱岳之战 … 037

第 9 章
丰臣秀吉的各方经略　043

第 10 章
小牧之战　057

第 11 章
征讨佐佐成政　071

第 12 章
征讨纪州　077

第 13 章
征讨四国　083

第 14 章
丰臣秀吉与德川家康联合　089

第 15 章
征讨九州　095

第 16 章
丰臣秀吉与基督教　115

第 17 章
肥后骚乱 — 123

第 18 章
丰臣秀吉的和平事业 — 129

第 19 章
小田原之战 — 161

第 20 章
德川家康关东入国与诸将转封 — 203

第 21 章
征讨奥羽 — 209

第 22 章
德川家康关东入国 — 249

丰臣秀吉画像，京都高台寺所藏，是最常见的丰臣秀吉的画像。文禄末年到庆长三四年之间，此画像被大量绘制，最为常见。画中画赞（画赞是以赞颂画像中的人物为主旨的一种文体）是妙心寺僧人南化玄兴根据颇受丰臣秀吉赏识的田中吉政的要求所书，所署日期为庆长三年（1598年）八月十八日，也是丰臣秀吉去世的日子

高台院夫人画像,京都高台寺所藏

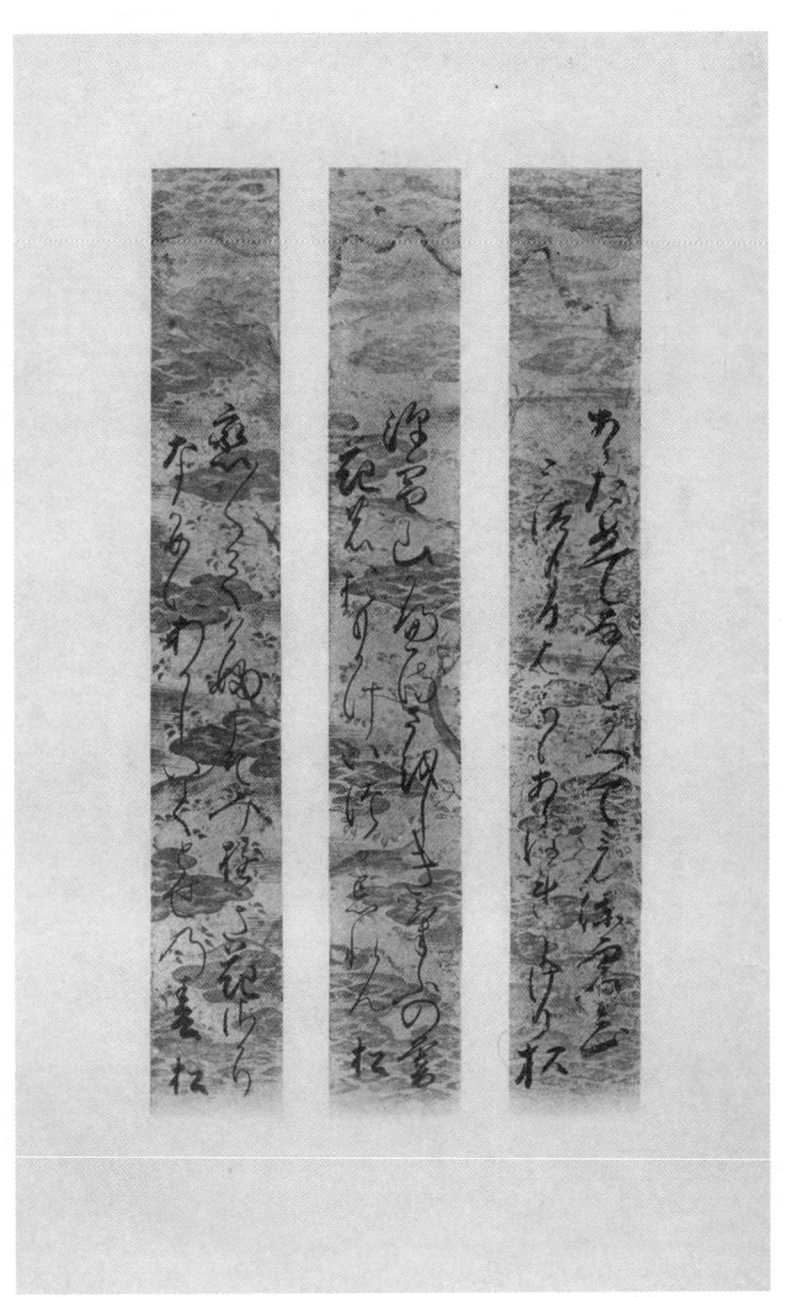

丰臣秀吉所作和歌,山城醍醐三宝院所藏

三幅中最右侧为丰臣秀吉亲书。每一幅中的"松"字是丰臣秀吉的"一字名"(用一个字代替实名,是雅号的一种。丰臣秀吉的一字名为"松")

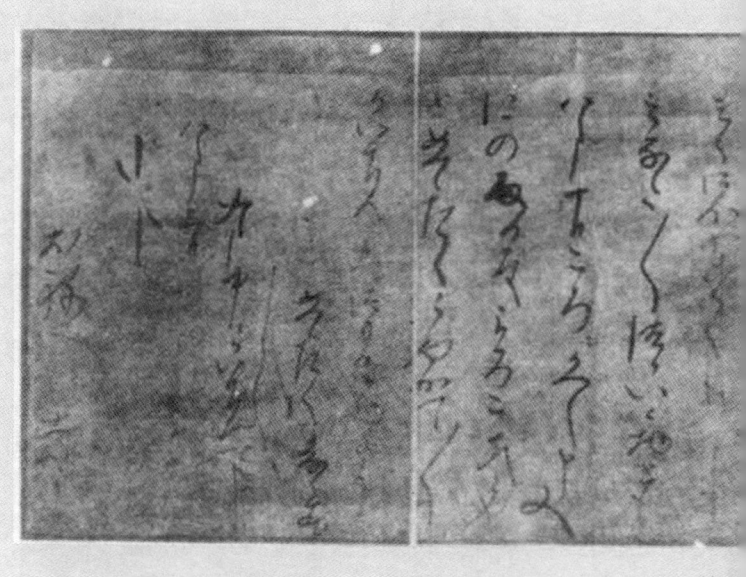

丰臣秀吉信函，男爵益田孝氏收藏
信函为丰臣秀吉在肥前名护屋阵中写给北政所（即高台院）的。为让高台院安心，信中描写了高丽（即朝鲜）的军事行动状况，并表示不久将凯旋

第 1 章

绪 言

纵观丰臣秀吉一生的功业，其最基本的一点，无非就是继承并发扬了织田信长未竟之遗业，即织田信长尊王主义的政治主张——这实为丰臣秀吉国家统一政策的基础。尊奉织田信长时期的基本政策亦为丰臣秀吉得其善果的缘起，如征伐四国、征伐纪州、征伐九州、征伐关东等，均源自当时织田信长的规划，甚至丰臣秀吉的海外征战行动亦与织田信长的理念颇有渊源。换言之，在谋创大业之际，丰臣秀吉首先必须要实现国家富强。为此他使用的方法不胜枚举，如对日本全国的田地、山林进行全面清查，以此巩固国家的经济基础；又加强了对各地金银矿山的开采，增源节流，谋取国家经济富强；通过此类政策的确立与实行，丰臣秀吉得以规划实施远征海外的宏图大略。然而，诸如此类的财政政策实际皆由织田信长发起，而非丰臣秀吉独创。那么，丰臣秀吉独创的事业究竟是什么？是无从说起，还是因为的确没有，所以才无从说起呢？如果丰臣秀吉的确只是继承了织田信长的遗策，那么这正是他的伟大之处，因为他完成了织田信长未竟的事业。显而易见，研究丰臣秀吉就一定要了解他与织田信长的关系。

第 2 章

丰臣秀吉的身世

关于丰臣秀吉的出身，有多种稀奇古怪的传说，不一而同，关于其父母家人情况的描述也是众说纷纭。关于丰臣秀吉父亲的记载，《太阁素生记》的内容应该是最可信的。书中记载：丰臣秀吉的父亲木下弥右卫门曾是织田信长父亲织田信秀的足轻[①]，是尾张国爱知郡中村人，育有一儿一女，男孩自然便是后来的丰臣秀吉，女孩则是后来的瑞龙院。丰臣秀吉八岁的时候，木下弥右卫门去世。当时，织田信秀的朋友竹阿弥入赘到已逝的木下弥右卫门家娶丰臣秀吉之母为妻，又生下了一儿一女。男孩就是丰臣秀吉同母异父的弟弟、后来的大和大纳言[②]丰臣秀长，女孩就是后来嫁给德川家康后不久便去世的南明院夫人。《备前老人物语》中也有类似记载，但在小濑甫菴的《太阁记》里，认为竹阿弥就是丰臣秀吉的父亲，而在《丰臣实录》里，竹阿弥的本名被记作中村弥右卫门。在《盐尻》一书中，记载了尾张国光明寺的传说：该寺中有一个叫福阿弥的，善治眼疾，被后奈良天皇召来治疗眼疾，治好后恩赐他一名女官。福阿弥回到尾张国中村后，改名为弥助，生一子即为丰臣秀吉。诸如此类带有传说色彩的野史不胜枚举。在这些书中，对丰臣秀吉父亲名字的记述也不尽相同，其中最可信的当数《太阁素生记》。因此，本书倾向于采信此书。

关于丰臣秀吉的母亲大政所的生平，说法更是多种多样，并且稀奇古怪。根据《秀吉事记》记载，大政所为萩中纳言之女。

---

① 步兵的一种。——译者注
② 丰臣秀长官拜"从二位权大纳"，被尊称为大和大纳言。——译者注

萩中纳言因犯事而获罪被流放至尾张国，后生一女，此女便是大政所。萩中纳言一家住在尾张国村云①，一段时间后被赦免。接着，大政所与萩中纳言进京②，在宫中为侍。后来，大政所又因故回到尾张国，不久诞下一个男孩，即丰臣秀吉。《秀吉事记》记载："大政所殿③幼年，上洛禁中旁宫仕给事两三年，下国无程，一子诞生，今殿下④是也，此子自幼奇怪之事多，如何样排王氏者争得此俊杰乎？"⑤这似乎在暗示丰臣秀吉是正亲町天皇的血脉。此外，在松永贞德的《戴恩记》中，丰臣秀吉曾自述称自己母亲曾在内膳房当差，后与正亲町天皇有肌肤之亲后生下自己。丰臣秀吉似乎想由此表明，如今自己位高权重绝非偶然。天正十八年（1590年），丰臣秀吉在给朝鲜的国书中写道："予尝于胎内之时，慈母梦日轮入怀中。相士曰，日光之所及无不照临。"此后，文禄二年（1593年），丰臣秀吉向明朝派遣使者通好时曾自称："予曾依有日光之照临之兆。"此外，给南洋的吕宋、高山等国的书简中也均有"日轮瑞兆"等字样，丰臣秀吉想以此来彰显自己出身的显贵。在给外国的国书中出现上述文字内容，或许有人会认为这是丰臣秀吉在舞文弄墨，故意虚张声势，但在《戴恩记》《秀吉记事》等书中都有丰臣秀吉类似的自述内容，特别是《秀吉记

---

① 村云位于今名古屋市昭和区。——译者注
② 京指京都。——译者注
③ 殿是尊称。——译者注
④ 指丰臣秀吉。——译者注
⑤ 本句为日本汉语，大意是"丰臣秀吉的母亲大政所年轻时曾在宫中任职。离开宫中不久，她就生下了丰臣秀吉。丰臣秀吉自幼多有奇事，这是因为他是天皇的血脉"。——译者注

事》是丰臣秀吉的右笔①大村由己所写，并且其所记内容要经常在丰臣秀吉面前诵读，以此来向丰臣秀吉确认。也就是说，丰臣秀吉先口述，然后大村由己记述，如果仅仅是为了让大村由己在自己面前歌颂自己而得到安慰，自然没有必要记述下来。另外，松永贞德是侍奉丰臣秀吉的歌人②，他也记述称，丰臣秀吉曾在自己面前表明，他的母亲曾侍寝龙体而生下他。由此可见，丰臣秀吉曾屡次公开表示自己是正亲町天皇的后裔。当时，人们多相信这种说法，并多有口传。关于丰臣秀吉的生父，《素生记》记载的木下弥右卫门，应该才是历史事实。然而，为何丰臣秀吉一直坚称自己是天皇的骨血呢？这自然有着深层的理由。一般认为：丰臣秀吉出身贫贱，后来位极人臣，隐去自己生父的真实身份而假称是天皇的嫡子，这并非丰臣秀吉以自己的出身卑贱为耻，而是因为发于贫贱后居高位是一件十分显眼、容易遭嫉的事情。当时，日本人极看中门第出身，当丰臣秀吉升任关白③一职时，公卿之间必然会对他的出身多有议论。丰臣秀吉为显示自己天生高贵，因此才故意隐去了生父的真实身份，而主张自己出自皇脉。其实，可能性更大的真实原因或许应该是，丰臣秀吉并不知道自己的生父是谁，有间接的证据可以证明。丰臣秀吉是一个至孝之人，大政所病重时丰臣秀吉曾一直在旁耐心看护，甚至前往稻荷寺、爱宕寺、清水寺等寺庙为大政所祈福，祈福文现在仍被收藏

---

① 右笔类似于文字秘书。——译者注
② 和歌诗人。——译者注
③ 关白为日本官职名，该词经遣唐使引入日本，逐渐成为日本天皇成年后，辅助天皇的重要职位，相当于中国古代的丞相。——译者注

在当时的各寺庙中。丰臣秀吉当初先是向神佛乞求再给自己的母亲三年寿命，后来由于大政所病情持续加重，便缩短延寿时间，许愿哪怕只能延寿三个月也将为神灵奉献稻米一万石。大政所去世后，丰臣秀吉特意为大政所在大德寺内重建一寺以示追念，此后又在高野山新建青严寺以示缅怀。在大政所去世三周年之际，丰臣秀吉率领诸大名登高野山，并花费巨资为大政所举办法会。不仅对生母，他对自己的兄弟姐妹也关爱有加，比如为姐姐①建造瑞龙院，并将她的品阶升至从二位②的高位。此外，丰臣秀吉也是非常念及旧恩之人，当取代织田家族夺取天下后便授予自己最早侍奉过的领主远江国的松下嘉兵卫③领地以表谢意。当时的封赏文书尚存，现在已经是松下家族的传家之宝。由此可见，丰臣秀吉无论对生母、兄弟姐妹还是旧主，均厚待之。丰臣秀吉如果知道自己生父木下弥右卫门的行踪，必然会奏请朝廷为他封官授爵，必然会在他死后修墓建寺以示追思。然而，丰臣秀吉没有为生父做任何事情，因此可以判断丰臣秀吉不知道生父的行踪。因此，竹中重门才在《丰鉴》中记述称不知丰臣秀吉生父之名。竹中重门与丰臣秀吉关系亲密，如果连竹中重门都不知道丰臣秀吉的生父是何人，他人自然也无从知晓。因此，正因为丰臣秀吉不知生父是谁，才利用此机会宣称自己的父亲是天皇。于是，《戴恩记》《秀吉记事》才采信了丰臣秀吉的说法。不过，应该可以想象的是，丰臣秀吉对不知道自己生父行踪一事是极其遗憾的。

---

① 即瑞龙院，原名智。——译者注
② 日本古代官衔。——译者注
③ 即松下之纲。——译者注

　　至于丰臣秀吉的出生日期，一般有两种说法。《太阁素生记》中记载为天文五年（1536年）一月一日，而《秀吉记事》中记载为天文六年（1537年）二月六日，而根据《公卿补任》记载的年龄进行推算，丰臣秀吉应该出生于天文五年，这变相地支持了《太阁素生记》的说法。《秀吉记事》与《太阁素生记》是同时代的产物，而年龄为何相差一年，有可能是前者故意延后了一年。延后的真实原因不得而知，推测如下：

　　各种书籍均记载称，丰臣秀吉的幼名为"猿"。以《太阁素生记》为首的各种史料将名为"猿"的原因归结为丰臣秀吉自幼面有猴相。然而，天文五年（1536年）为猴年，因此按照干支纪年，丰臣秀吉幼名为"猿"也是有可能的。如前田利家出生的天文七年（1538年）是狗年，其幼名为"於犬"。此外，加藤清正也是尾张国中村人，幼名为"虎"，虽然不知道加藤清正的具体生年，但应该是虎年生人，故而幼名为"虎"。如果事实果真如此，则说明当时尾张国附近地区有按照干支纪年给小孩起名的习惯。然而，流传于高野山等各处关于丰臣秀吉的画像显示，丰臣秀吉的面貌确实看起来很像猿猴，如此看来确实"名"副其实。《秀吉记事》将丰臣秀吉生年记载为天文六年（1537年），或许是为了避讳天文五年的猴年，从而故意说成是鸡年。此外，重野安绎博士曾在《史学杂志》上撰文论证过丰臣秀吉面貌不似猿猴，但从画像上看丰臣秀吉的确是一副猿猴面相。

第 3 章

丰臣秀吉生平

关于丰臣秀吉青壮年时期的事迹，《太阁素生记》的记述最详细，尤其是他远赴滨松在松下之纲手下任职的过程。此外，《松下文书》也记述了丰臣秀吉在松下之纲手下任职时的一些事迹。据《松下文书》记载，丰臣秀吉征讨明智光秀取代织田信长掌握天下后，首先便封赏了松下之纲，将丹波国的两千石领地赐予松下家，这一切自然是为了向旧主报恩。丰臣秀吉对松下之纲的厚待也可以在他征讨九州时给诸将下达的军令状中窥见一斑，"松下嘉兵卫此人，在当浪人之时仍为人忠义，不可与其他泛泛之徒一视同仁"。由此可见，松下之纲虽然身份低微，但丰臣秀吉给予松下之纲的待遇在诸将之上，而此事也成为丰臣秀吉的最大美谈。丰臣秀吉在松下之纲手下任职仅仅数年，之后便回到老家，永禄元年（1558年）开始在织田信长手下任职，但《太阁素生记》记述天文二十二年（1553年）他才开始在织田信长手下任职，此为误记。丰臣秀吉非凡的才智一早便得到了织田信长的赏识。永禄九年（1566年）九月，丰臣秀吉第一次奉织田信长之命攻打美浓国斋藤氏[①]时，在极短时间内便建起墨俣城，这是他成名的第一步。由于丰臣秀吉刚刚崭露头角，同辈中人多有对他不听不从者，对此有所察觉的丰臣秀吉便集合了一批浮浪之辈为手下，其中便包括蜂须贺正胜、青山[②]、稻田[③]等人。他率领蜂须贺正胜等人与斋藤氏屡次交战，并最终将其击败，之后又诱降了同国的宇留间城城主大泽次郎左卫门，这是丰臣秀吉第一次独立建功。

---

① 斋藤龙兴。——译者注
② 指青山秀昌。——译者注
③ 指稻田植元。——译者注

永禄十一年（1568年），织田信长打算护拥足利义昭进京，丰臣秀吉奉命与佐久间信盛、丹羽长秀等诸将一起攻打近江国箕作城并建功，此事被太田牛一记述在《信长公记》中，这是史书中首次出现丰臣秀吉的名字，但当时丰臣秀吉还叫"木下藤吉郎"。永禄十二年（1569年），丰臣秀吉跟随织田信长攻打伊势国，并率先攻入敌城建功。元龟元年（1570年），姉川之战后，丰臣秀吉奉织田信长之命防守横山城，遏制浅井氏①，并在与浅井氏的战斗中屡次建功。当时，丰臣秀吉与丹羽长秀、明智光秀等人一起负责京都的民政事务，在织田信长给京都的各所寺院、神社的文书中，常见羽柴②、明智光秀、丹羽长秀的共同署名。至于丰臣秀吉何时将"木下藤吉郎"改为羽柴秀吉尚无明确记载，据推测应该是在元龟③末期至天正④初期之间。据《丰鉴》记载，丰臣秀吉仰慕丹羽长秀与柴田胜家的武勇，于是从二人姓中各取一字而成"羽柴"。不久后，他开始被称为"筑前守⑤"。织田信长消灭浅井长政后，将浅井家族的大部分领地都赏给了丰臣秀吉，这应该是嘉奖丰臣秀吉在灭浅井氏的过程中所立的大功。此后，丰臣秀吉便将长滨城作为根据地。丰臣秀吉管理该地的街市、处理民政事务等方面的资料在当地仍然多有留存。

天正初期，织田信长与毛利家族⑥交涉期间，丰臣秀吉从中负

---

① 浅井长政。——译者注
② 丰臣秀吉。——译者注
③ 1570年到1573年。——译者注
④ 1573年到1586年。——译者注
⑤ 筑前国行政长官官职名。——译者注
⑥ 当时的毛利家族之主为毛利辉元。——译者注

责双方各种事务的协商，充分发挥了外交才能。根据当时的《吉川家什书》《小早川家什书》等收录的双方往来的文书显示，彼时的丰臣秀吉就已经成为织田信长对中国①政策的主要负责人，因此后来便顺理成章地被赋予了征讨中国的大任。

天正三年（1575年）的越前之战中，丰臣秀吉随织田信长征战并立下战功。天正四年（1576年），丰臣秀吉奉织田信长之命征讨播磨国，这是织田信长征讨西国②的第一步，同时是丰臣秀吉首次独当一面成为征讨一方大军的统帅。织田信长极其重视对丰臣秀吉的任命——据《戴恩记》记载，织田信长允许丰臣秀吉使用"唐伞③"向播磨国进发。在足利时代，获准使用"唐伞"是极其重大之事，即便是尊贵如上杉家族、朝仓家族也没有使用"屋形④"的资格，他人自然更是不被允许随便使用"唐伞"。因此，丰臣秀吉出征之际，获得使用"唐伞"的特许，足见织田信长对他的重视。对丰臣秀吉而言，这自然是莫大的荣耀，因此《秀吉记事》的开篇便是对此事的记载。丰臣秀吉自出生以来，至此才登上高位，开始替织田信长经略一方。丰臣秀吉的官阶不仅能与丹羽长秀、柴田胜家等前辈比肩，甚至其名望已经远在二人之上。因

---

① 今广岛县、冈山县周边。——译者注
② 当时主要指京都以西地区。——译者注
③ 类似华盖，彰显身份高贵之物。——译者注
④ 公家或武家等有一定身份的人的居馆。室町幕府与江户幕府时期，名门、有一定功绩的武家当主及大藩的藩主被允许使用的称号叫"屋形号"，比屋形号更高级的有公方号和御所号。屋形号出现在室町时代初期，专门赐给足利氏一门，有力的守护大名、守护代，或是对室町幕府的建立有贡献或者在讨伐谋反者方面立有功劳的国人领主。由原文推测，"唐伞"应该比"屋形"规制更高。——译者注

此，《秀吉记事》将此事作为记述丰臣秀吉事迹的开篇之作是有特殊用意的，这意味着自此之后便是丰臣秀吉的势力愈加显赫的时代。

第 4 章

高松之战

自天正四年（1576年）出征以来，经过与毛利家族数年交战，丰臣秀吉终于在天正九年（1581年）征服因幡国、伯耆国。此事在另一本书《织田时代史》中有详细描写，在此不再赘述，只综述与后来的本能寺之变有密切关系的高松之战。

丰臣秀吉在征服山阳道①部分地区及山阴道②之后，便将目标整个转向山阳道，准备一举荡平中国。隶属于毛利家族的备中国③高松城城主中岛元行向毛利辉元告急。毛利辉元向中岛元行发去一份保证书④，约定其若死守城池，将来必将予以厚报。高松城位于织田信长的军队与毛利辉元军队的分界点上，是军事要地。天正十年（1582年）正月，毛利氏在备中国边境一线大修防御工事，向钱床山、宫路山、忍山、镰仓山、冠山等城增兵，并派清水宗治防守高松城。小早川隆景召集备中国边境一线守将召开会议时称，"听闻织田氏欲引大军来犯，诸将必将首先与敌军接战，想必织田氏定会利诱你们。如果有人甘愿被利诱，那么请现在就快快离去，责任一概不究"。对此，诸将起誓绝无二心⑤。

天正十年三月十五日，丰臣秀吉率播磨、但马、因幡三国的军队从姬路城出发，向备中国进军。四月十日，丰臣秀吉到达冈山城，其先头部队开始攻打并占领宫路山、冠山等城。小早川隆景率领山阳道诸将在福山城列阵。五月，丰臣秀吉围困高松城后建造了高两丈的大堤，从云津川、秒多川、二川这三条河中引

---

① 现在的兵库县西部至山口县的濑户内海沿岸的总称。——译者注
② 相当于现在北近畿至岛根县的地区。——译者注
③ 日本古代的令制国之一。——译者注
④ 收录于《浅草文库本古文书》。——原注
⑤ 见《萩藩阀阅录·中林重真事迹》。——原注

水灌城。当时正值梅雨季节，雨水、河水不断灌入城中，城中只好架起木筏避难。丰臣秀吉的军队乘船对高松城发起攻击，但由于守军抵抗顽强且得当，所以无法靠近。毛利辉元闻讯后，与吉川元春共同出兵前来解救，并与小早川隆景合兵一处在释迦、不动、诸岳等地建立营寨布防，距离丰臣秀吉的先头部队仅十町[1]。

到了天正十年（1582年）六月，高松城内尚未没水之处仅剩数尺，形势愈加危急。毛利辉元虽然引军来救，但因为丰臣秀吉的军队防守严密无法攻打，所以自知难以获胜，于是派遣安国寺惠琼前往与丰臣秀吉议和。虽然毛利家族的传家文书写的是丰臣秀吉主动议和，但这绝非事实，因为此时胜败之势已经不言自明，自然应是毛利家族主动求和。而据《萩藩阀阅录》记载，毛利家族对国人的宣传则是丰臣秀吉主动前来求和。同样，毛利辉元在给福井某人的书信中表示，"此表之仪，羽柴[2]屡屡恳请和谈"，因此在记述与毛利家族相关事迹的资料中同样记述为丰臣秀吉先行求和也就不足为奇了。安国寺惠琼到达丰臣秀吉阵中后，向丰臣秀吉表明了来意。丰臣秀吉要求毛利家族让出备后、备中、出云、伯耆、美作五国，并且让清水宗治献城自裁。安国寺惠琼回营复命，毛利辉元表示，让出五国尚可接受，让清水宗治自裁于心不忍。毛利辉元尚未答复时，丰臣秀吉得知了本能寺之变。丰臣秀吉虽感到十分震惊，但表面上仍然做出若无其事的样子，继续谈笑风生、一如平常。对此，《秀吉记事》称"少色不出"。

---

[1] 1町约合109米。——译者注
[2] 指丰臣秀吉。——译者注

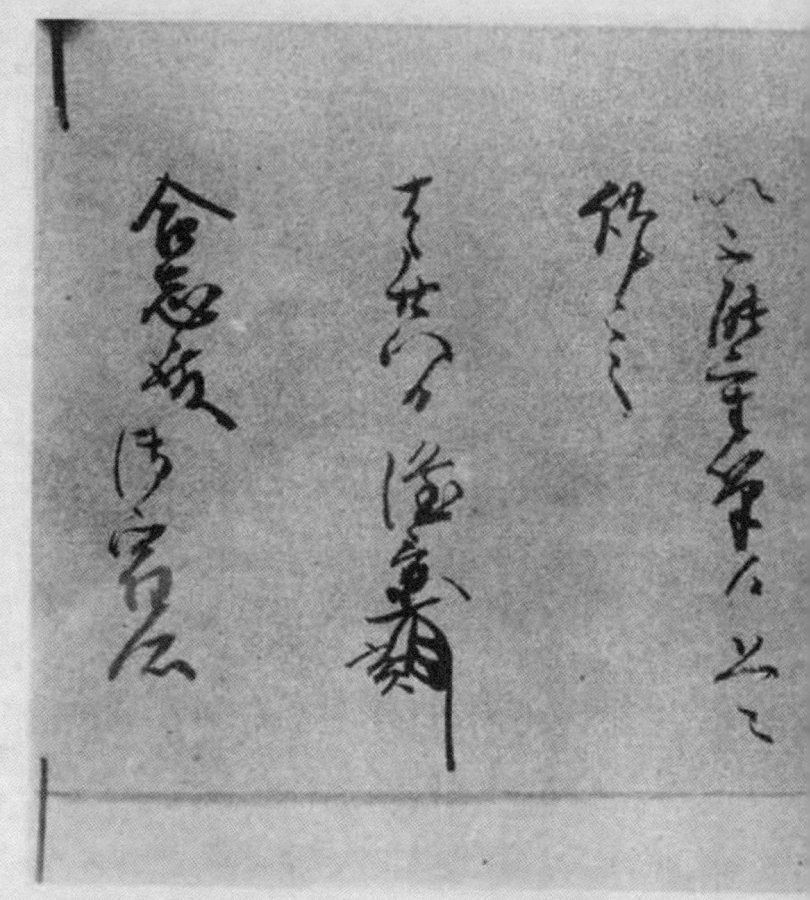

小早川隆景笔迹,安艺幸谷达顺氏收藏

毛利元就代替大内氏开始领有周防、长门、石见及筑前、丰前两国后,与丰后国的大友氏之间发生冲突。按照毛利元就的命令,吉川元春、小早川隆景等人要出兵丰筑(为丰前国、丰后国、筑前国、筑后国的合称)。此为小早川隆景写给肥后国合志氏的书信,信中意图拉拢合志氏共同对付大友氏。书信具体时间不详,推测写于永禄四年(1561年)

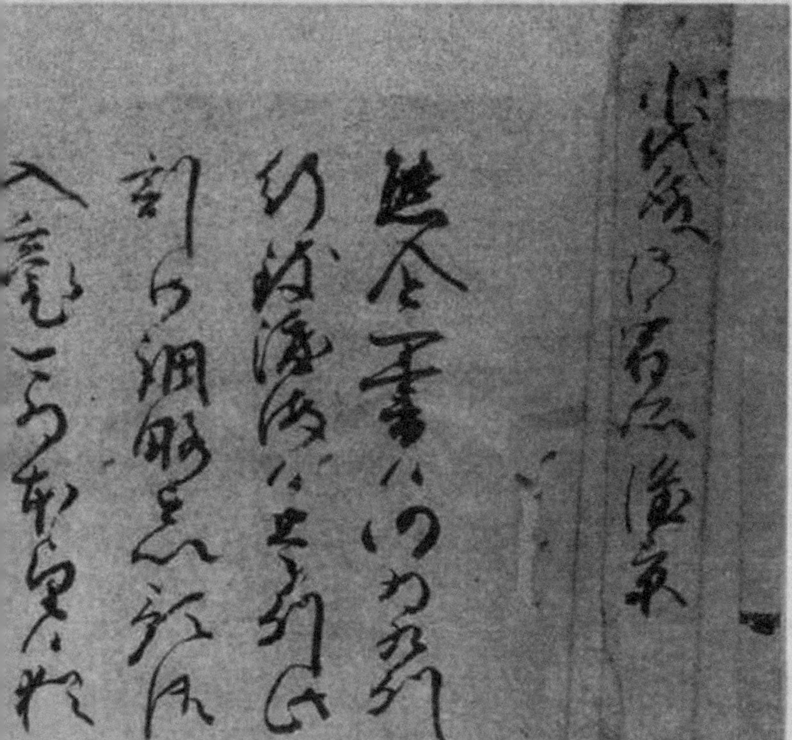

進上書いつかつ可
引汝酒汝ハ三郎山
割り洞解志行候
入覚こらへ申皇し礼

然而，以《太阁记》为首的诸如《浦上浮田记》《备中军记》等文献的记述是，丰臣秀吉明确向毛利辉元转告了本能寺之变，要求毛利辉元对何去何从速下决断。这些记述应该有误，丰臣秀吉从高松城撤军前，应该一直对此事秘而不宣，这从吉川广家呈给毛利辉元的文书中"我方为讲和而欲前往对方阵中之际，由纪伊国杂贺处忽闻织田信长死于非命"的记述来看便一目了然。

天正十年（1582年）六月四日，安国寺惠琼再次来到丰臣秀吉阵中，向丰臣秀吉转达了毛利辉元的决定，即五国可以出让，但让清水宗治自裁一事实难从命。丰臣秀吉对此表示坚决拒绝。蜂须贺家政、生驹亲正私下对安国寺惠琼透露，山阳道诸国不少将领已经与他们私下通好，其中包括小早川隆景的妹夫上原元将①在内的将士也不在少数，现在议和对毛利辉元有利，犹豫不决则夜长梦多，易生变故。于是，安国寺惠琼来到高松城，将与丰臣秀吉谈判的过程向清水宗治进行了说明。清水宗治闻后愤愤然道："若以我一人之死能成双方之和则死不足惜。"他乘船前往两军阵前并于船上自裁②。随后，丰臣秀吉急忙接收高松城，并向毛利氏书写了一封保证书——该保证书现存于毛利家族，于是双方和睦。不过，割让五国之议后来生变。根据《毛利文书》记载，结果是出云、备后二国全部被割让，而伯耆与备中两国只割让一部分。六月五日，丰臣秀吉离开高松城，退兵至备前国上道沼郡，六月六日回到姬路城。同日，毛利辉元也正准备撤军时，有人从

---

① 小早川隆景为毛利元就第三子，而上原元将娶毛利元就第三女为妻。——译者注

② 《清水宗治事迹》中有详细记载。——原注

纪州①杂贺前来报知本能寺之变。毛利辉元闻讯大喜，以为夺取天下正在此时，于是打算出兵追击丰臣秀吉。然而，吉川元春与小早川隆景认为应当履行约定，所以劝阻毛利辉元不要出兵。于是，毛利辉元打消了追击丰臣秀吉的念头。后来，丰臣秀吉优待毛利家族，其根源便是毛利辉元在此事上的仁德之举。《吉川家什书》所载吉川广家给毛利辉元的文书记载了毛利辉元停止追击一事，记载如下：

> 由纪伊国杂贺报知织田信长死于非命，诸人认为应放弃和约，与丰臣秀吉决一死战，则天下可得，而吉川元春与小早川隆景认为此举不合道义。双方交换并送达起请文②之际，太阁殿下③十分赞赏，因而毛利家得以存续。此事成了小早川隆景的一大功绩，但凡有事便讲出来炫耀。

毛利元就曾有"莫望天下而应自保家国"的遗训，因而吉川元春与小早川隆景是按照毛利元就的遗训规劝毛利辉元的。同样，后来的关原之战时，毛利元就的遗训也是吉川广家促成毛利辉元与德川家康结好的原因之所在。

然而，有必要考证丰臣秀吉离开高松城的确切日期。据《梅林寺文书》中收录的天正十年（1582年）六月五日丰臣秀吉给中川

---

① 纪州是纪伊国的别称。——译者注
② 日本古代的文书之一，用作立约时，向神佛起誓不毁约的文书。——译者注
③ 丰臣秀吉。——译者注

清秀的文书记载,丰臣秀吉表示,"如今已入野殿,今日便可至沼"。"野殿"指备前国津高郡,"沼"便是备前国上道郡。由此来看,丰臣秀吉是六月五日离开高松城班师。另据《松井家谱》所载杉藤七的文书中有"去六日（天正十年六月）至姬路,秀吉置马"记载可见,六月六日丰臣秀吉便已经回到姬路城。然而,当年（1582年）十月十八日丰臣秀吉在给织田信孝的老臣斋藤利尧、冈本良胜的信中表示,"于高松逗留至六日（天正十年六月）"。此外,天正十八年（1590年）小田原之战时,丰臣秀吉在给浅野长政、木村重兹的信中同样表示一直在高松城停留至六日（天正十年六月）。因此,此处与《梅林寺文书》《松井家谱》记载的丰臣秀吉的出发日期产生分歧。这也许是因为在给斋藤利尧、冈本良胜的文书中丰臣秀吉出现了记忆错误。如果真的是出现了记忆错误,那么这种错误是在几年后发生的,所以情有可原,但丰臣秀吉给浅野长政与木村重兹发出书信是在他离开高松城几个月之后。加之,丰臣秀吉离开高松城前后发生了一系列事情,对他都十分重要,他自然终生难忘,所以弄错出发日期绝不可能发生。如此一来,《梅林寺文书》中的"五日（天正十年六月）至沼"便是误记。不过,无论是五日还是六日出发似乎都是事实,理由如下：

四日（天正十年六月）,丰臣秀吉与毛利辉元之间交换了合约书,双方完成讲和。既然已经完成讲和,丰臣秀吉就有必要尽快离开高松城,但因为害怕本能寺之变的秘密泄露,所以他对外仍然表现出一副泰然自若的样子。双方约定共同退军之日是六日,因而

《萩藩阀阅录》中小早川隆景在六日给桂、冈两氏①的文书中写道，"讲和完毕，现引兵归还"；《秀吉记事》中的记述为，毛利辉元先撤兵，丰臣秀吉再撤兵；毛利辉元关于高松城开城一事的信中则表明是"互相（同时）撤军"。对照上述资料及丰臣秀吉信中"逗留至六日"的说法来看，讲和成立之时，双方于六月六日同时退兵事实确凿。当时，丰臣秀吉想即刻退兵抢先前往征讨明智光秀，但同时害怕如果如约六日再退兵，则有可能会被毛利辉元知晓本能寺之变的消息，从而被毛利辉元追击。于是，六月五日，他悄悄率领少数人马出城，以最快速度到达备前国沼。由此可见，无论丰臣秀吉表示是五日退兵还是六日退兵都能说通，在此期间有关丰臣秀吉离开高松城的消息以一明一暗的方式示人，即丰臣秀吉本人六月五日偷偷离开高松城，六月六日到达姬路城是不可公开的秘密，目的是防止被毛利辉元获知消息而节外生枝。因此，丰臣秀吉将六月五日作为秘密出发的日期，而六月六日被作为公开启程的日期。当对同一件事情的发生产生不同日期记述时，其间必有隐情发生。正因如此，丰臣秀吉才能够凭借多智机敏从高松城顺利撤退，并以迅雷不及掩耳之势快速前往征讨明智光秀。

---

① "桂"指桂景信、"冈"指冈景忠。——译者注

第 5 章

征讨明智光秀

天正十年（1582年）六月五日丰臣秀吉离开高松城，六月六日到达姬路城，六月八日便召集诸将开始商讨征讨明智光秀等事宜。当时，龟井兹矩原为尼子家族①的旧臣，在丰臣秀吉征讨中国时立了大功，此次龟井兹矩也来参加征讨明智光秀的会议。丰臣秀吉对龟井兹矩表示，"原本打算将你的旧主尼子氏领地出云国封赏于你，但由于已经约定将该地让于毛利氏，因此你另选一国我授予于你"。龟井兹矩表示，"公②将东征伐诛明智光秀，则天下六十六州③皆归公手，我于国内无想要之地，请将琉球国恩赐于我"。丰臣秀吉闻听此言，认为龟井兹矩志向远大，于是便在手中的扇面上大书"龟井琉球守殿"字样后授予龟井兹矩，此事被记录在《宽永系图》《龟井家谱》中。据说该扇面在后来攻打朝鲜时遗失，李舜臣的《乱中日记》中记述称拾得此扇面。此外，丰臣秀吉封龟井兹矩为"龟井琉球守"一事被记录在《龟井文书》之中。《龟井文书》还将龟井兹矩称为"台州守"，台州是不是指中国南部福建省的台州尚不明确，但通过此称谓可知龟井兹矩想要得到台州，所以丰臣秀吉又将他封为"台州守"。

正当丰臣秀吉开会商议征讨明智光秀时，有报告称明智光秀已经进入河内国，准备攻击正在大阪的织田信长第三子织田信孝。丰臣秀吉认为，如果织田信孝遇害，自己将无颜面对天下之人，于是昼夜兼程前去救援。天正十年六月十一日，丰臣秀吉的主力大军到达尼崎城，其先头部队已经在山崎城列阵。随后，丰

---

① 尼子氏世代为出云守，出云位于现在岛根县。——译者注
② 丰臣秀吉。——译者注
③ 当时日本六十六个国。——译者注

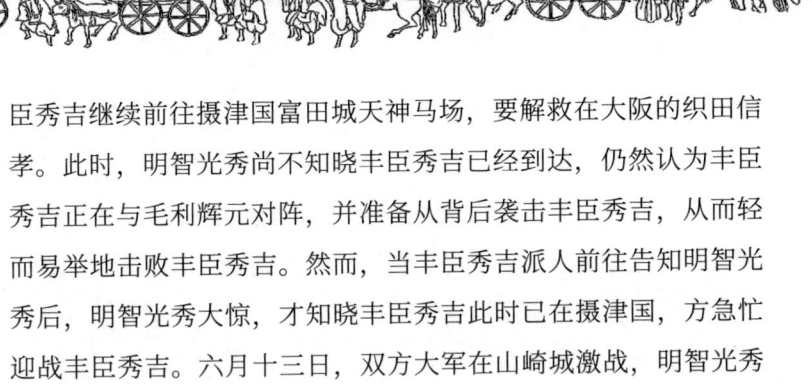

臣秀吉继续前往摄津国富田城天神马场，要解救在大阪的织田信孝。此时，明智光秀尚不知晓丰臣秀吉已经到达，仍然认为丰臣秀吉正在与毛利辉元对阵，并准备从背后袭击丰臣秀吉，从而轻而易举地击败丰臣秀吉。然而，当丰臣秀吉派人前往告知明智光秀后，明智光秀大惊，才知晓丰臣秀吉此时已在摄津国，方急忙迎战丰臣秀吉。六月十三日，双方大军在山崎城激战，明智光秀败走胜龙寺城。丰臣秀吉穷追不舍，明智光秀当夜只在五六个骑兵的护卫下脱逃，但最终还是在山科①被当地人捕杀。丰臣秀吉在信中曾表示，"明智（光秀）逆贼向北逃入山科丛林，其首级为百姓拾得"，《秀吉事记》《莲成院记录》等许多资料对此事都有详细记载，在此便不再赘述。

虽然明智光秀已死，但丰臣秀吉不知真假，仍派遣堀秀政前往近江国，派高山长房、中川清秀前往丹波国，搜索明智光秀的行踪。同时，丰臣秀吉与织田信孝前往京都本能寺，从灰烬中找出一些所谓的织田信长的遗骨，将遗骨临时埋葬后，他们前往近江国三井寺继续布阵。这时，明智光俊②从安土城出战，与丰臣秀吉军在打出滨③遭遇并展开厮杀。明智光俊战败后逃往坂本城，在杀死明智光秀的妻儿后自杀。北畠信雄也出兵来到安土城搜查明智光秀余党，将明智光秀余党斩杀殆尽后放火焚烧街市，最终大火席卷全城，所有亭台楼阁都化为灰烬。此后，丰臣秀吉暂时停留在三井寺，远近有不少人闻讯纷纷前来进献明智光秀余党的首

---

① 今京都市山科区。——译者注
② 即明智秀满，是明智光秀的女婿。——译者注
③ 地名，位于今滋贺县大津市。——译者注

级。丰臣秀吉得知其中便有明智光秀的首级后大喜，然后将明智光秀首级埋葬于本能寺。至此，明智光秀之乱得以平息。

丰臣秀吉昭告天下，所有法度依然按照织田信长在世时实行，京畿之地逐渐恢复平静。随后，丰臣秀吉与织田信雄、织田信孝共同前往美浓国、尾张国，将它们先后平定。至此，离织田信长遭遇本能寺之变仅一个月，其仇敌便已被全部荡平，京畿重地重归平静，这自然全是丰臣秀吉之功。

第 6 章
明智光秀覆灭后的善后处理

第1节 清洲会议

柴田胜家正与上杉谦信对峙于越中国之时，闻知织田信长有难，便立即率军折返回越前国北庄城。当时，前田利家正亲率能登国之兵到达加贺国小松城，听闻欲赴京都靖难；佐久间盛劝阻前田利家，认为形势不明之际，切勿轻举妄动，宜静观时局变化。正当前田利家犹豫未决之时，忽闻明智光秀已被丰臣秀吉诛灭。柴田胜家、前田利家等人错失了赴京的最佳时机，柴田胜家与丰臣秀吉之间的优劣胜败之势因此一目了然。此时，泷川一益、森长可等老将旧臣先后从东国[①]疾驰而来。织田信雄、织田信孝兄弟之间争斗不断，大权旁落谁手一时不甚明了。

天正十年（1582年）六月十八日，以丰臣秀吉、柴田胜家为首的旧将家臣在尾张国清洲城相聚，商议善后事宜。他们议定以织田信长的嫡长孙、织田信忠之子织田秀信继承大位并暂居岐阜城，同时决定以织田信孝为监国，柴田盛家、丰臣秀吉、丹羽长秀、池田信辉为监事，在京都处理各种事务。织田信长的原有领地被重新分配，织田信雄、织田信孝分得尾张国和美浓国，织田信长的第四子同时是丰臣秀吉养子的丰臣秀胜分得丹波国，山城国则归丰臣秀吉所有。当时，近江国长滨城已经归丰臣秀吉所有，但由于它是柴田胜家进出越前国的必经之地，所以柴田胜家强烈要求丰臣秀吉相让。对此，丰臣秀吉没有坚持，爽快地将近江国长

---

① 日本近代以前的地理概念，为大和朝廷对东海道铃鹿关、不破关以东地方的称呼，其地域包括关东地方、东海地方。——译者注

滨城让给了柴田胜家，同时把志贺郡让给了丹羽长秀。

至此，原属于织田信长的领地被瓜分殆尽，织田家族在经济上开始陷入困顿。丰臣秀吉对此非常担忧，提议各将领按照已经控制的领地面积对原本的主家进行经济援助，丰臣秀吉在给丹羽长秀的信上记述了此事——该信如今贴在金泽市寿光寺所藏的屏风上。在有关织田信长领地的划分问题上，丰臣秀吉丝毫不争，悉数让给其他诸将，以求和睦，从而此事得以圆满解决。众人签署誓约后，领地分割就此结束，于是开始返回各自领地。从此事的处理结果来看，丰臣秀吉不贪小利，目光远大，其志已经远在众人之上。朝廷对此事的处理赞赏有加，欲给丰臣秀吉加官晋爵。丰臣秀吉一开始坚辞不受，但由于朝廷同样态度坚决，于是天正十年（1582年）十月三日他上殿拜受"从五位下"爵位及左近卫少将一职。此后，丰臣秀吉派浅野长政、杉原家次担任京都奉行①，全面执政。

第2节 织田信长的葬礼

天正十年十月九日，朝廷下诏追授织田信长为"从一品太政大臣"。十月十一日，丰臣秀吉为织田信长在大德寺举行长达七日的盛大法会，并派人亲临法会宣读朝廷诏书。十月十五日，在莲台野②为织田信长举行葬礼，以金线织花锦缎覆棺，刻佛像入棺

---

① 掌管京都地方事务的官职名称。——译者注
② 位于今京都市。——译者注

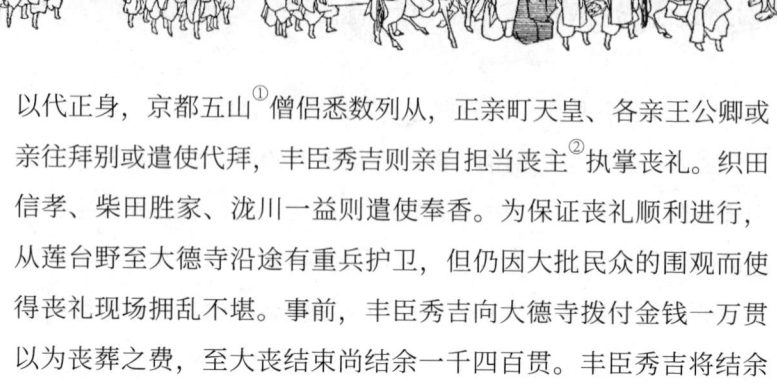

以代正身，京都五山①僧侣悉数列从，正亲町天皇、各亲王公卿或亲往拜别或遣使代拜，丰臣秀吉则亲自担当丧主②执掌丧礼。织田信孝、柴田胜家、泷川一益则遣使奉香。为保证丧礼顺利进行，从莲台野至大德寺沿途有重兵护卫，但仍因大批民众的围观而使得丧礼现场拥乱不堪。事前，丰臣秀吉向大德寺拨付金钱一万贯以为丧葬之费，至大丧结束尚结余一千四百贯。丰臣秀吉将结余部分皆附赠于大德寺总见院，以为堂内装饰之用。同时，丰臣秀吉为织田信长在总见院设立牌位以为祭祀。法会甫一结束，丰臣秀吉便即日赶回山崎城。

织田信长死后，丰臣秀吉不仅诛杀了明智光秀，选定了织田信长的继承人，还为织田信长隆重地举办了葬礼，这些均是本能寺之变后所需要处理的紧要事项。丰臣秀吉主动先于其他长辈老臣处理好这些事情，已经让丰臣秀吉掌握了继承织田信长势力的主动权，柴田胜家等各长老之辈也只能是瞠目结舌，唯有望丰臣秀吉之项背哀叹。不过，丰臣秀吉要想大权牢牢在握而号令天下，还有待于接受贱岳之战与小牧之役的洗礼。

---

① 京都五所著名佛教临济宗寺庙的并称。——译者注
② 遗属代表。——译者注

第 7 章

柴田胜家与丰臣秀吉

在本能寺之变后的诸多大事、要事上，丰臣秀吉屡屡抢得先手，其势力和名望已经超越其他遗臣。对此，在织田信长诸多遗臣中资格较老的柴田胜家心生不满，设计乘诸人结束清洲会议返回各自领地之际，沿途伏击丰臣秀吉。当时，织田信孝也怀疑丰臣秀吉狼子野心，所以与柴田胜家暗合。按清洲会议的决议，织田信孝应将三法师[①]送往安土城。如果这一决议得以实行，将来三法师必然会被丰臣秀吉拥立，而自己则必然会丧失继承大位的机会。为此，织田信孝一直将三法师扣留在岐阜城内，不让他前往安土城。但丰臣秀吉屡屡给织田信孝施加压力，迫使他立即履行清洲会议之约，织田信孝由此越来越怀疑丰臣秀吉怀有图谋不轨之心。柴田胜家等人见丰臣秀吉在京都执政风生水起，更加愤懑不平，频频借故向丰臣秀吉致信进行问责。

柴田胜家终因愤懑不平而修书给堀秀政，他在信中控诉丰臣秀吉专横跋扈不履行清洲之约的同时，指出丰臣秀吉在山崎筑城，不知其意欲与何人为敌；他提出要求称，"当此政局不稳之际应摒弃个人私怨，安定团结不堕先君[②]之志"。如此种种都在丰臣秀吉的意料之中，并没能对丰臣秀吉构成任何威胁。此信的落款为天正十年（1582年）十月六日，被收录在《南行杂录》一书中。织田信孝也致信丰臣秀吉，劝说他向柴田胜家妥协，以免发生事端。丰臣秀吉由此得知织田信孝的背后有柴田胜家的影子。他给织田信孝的近臣斋藤利尧、冈本良胜修书一封，信中严厉批评了

[①] 织田秀信。——译者注
[②] 织田信长。——译者注

织田信孝,称依清洲之约,"应将三法师送往安土城,现在仍然扣留他,却将责任推得一干二净,你到底想干什么"?此信落款为十月十四日,现藏于松花堂。十月十八日,丰臣秀吉再次向二人修书,信中对自己的功绩多有列举,比如诛杀明智光秀、平定美浓国、力挽狂澜避免织田家族灭亡等,希望以此信促使织田信孝幡然醒悟。据传,织田信孝看过这封言辞激烈的信后极其震怒,而柴田胜家与东北诸将都表示拥护织田信孝,欲西上讨伐丰臣秀吉。对此,丰臣秀吉已有所防备,早早集结兵力以备不测。

最终,织田信孝与柴田胜家准备联手扳倒丰臣秀吉。他们抓紧给小早川隆景修书一封,想与吉川元春[①]修好,请求小早川隆景从中撮合。吉川元春同意了织田信孝的请求,但要求织田信孝出具保证书。天正十年(1582年)十一月一日,织田信孝给吉川元春出具了保证书[②],与此同时,织田信孝与柴田胜家已经开始实施扳倒丰臣秀吉的谋划。此时,天气渐冷,北国[③]被大雪封堵,不宜出兵。为了欺瞒丰臣秀吉,他们便佯装与丰臣秀吉亲善和睦。其实,丰臣秀吉已经察觉他们有所图谋,只是故作不知而已。同时,柴田胜家派人给德川家康送去厚礼,以示通好,意图将德川家康拉入自己的阵营。从松平家忠所著《家忠日记》来看,这不过是柴田胜家对德川家康实施的谋略而已。

丰臣秀吉已经知晓他们的意图,认为不如乘大家都认为天寒地冻大雪封路不宜出兵之际,出其不意地讨伐他们。于是,天正

---

① 小早川隆景兄长。——译者注
② 收录于《吉川家什书》。——原注
③ 日本北部。——译者注

十年（1582年）十二月七日，丰臣秀吉亲率三万兵马进入近江国。同时以已经归顺丰臣秀吉的织田信雄为首，派遣丹羽长秀、池田恒兴、筒井定次等将领率军攻打柴田胜家的属城长滨城。长滨城由佐久间盛政与柴田胜家的义子柴田胜丰共同防守，佐久间盛政恃己之勇，屡屡欺辱柴田胜丰，这让怀恨在心的柴田胜丰心生叛意，决意向丰臣秀吉投降。丰臣秀吉接受了柴田胜丰的乞降，并在破城之后继续让柴田胜丰镇守长滨城。此后，丰臣秀吉继续向美浓国进发，其间投降丰臣秀吉者不在少数。织田信孝最终被围困在岐阜城内而无应对之策，只能向丰臣秀吉求和，并送出母亲与妻儿作为人质。丰臣秀吉同意了织田信孝的求和请求，并在三法师移居安土城后撤军。柴田胜家得知消息后恼怒不已，但因大雪封阻无法出兵，最终无法施展拳脚。他因被丰臣秀吉取得先手而深感蒙受了奇耻大辱，心中只等来春冰雪消融后与丰臣秀吉一决雌雄。开春之战便是贱岳之战，只是这一战非但没能让柴田胜家一雪前耻，反倒成为其自身历史的终结。

第 8 章

贱岳之战

贱岳位于近江国，贱岳之战的影响范围却不只是在近江国，而是波及伊势国、美浓国、尾张国与北陆各藩，其序幕在伊势国拉开。

天正十年（1582年），平定甲州[①]时，作为关东管领[②]，泷川一益正在上野国厩桥城，闻听丰臣秀吉兴兵，他随即占据伊势国长岛城，并与柴田胜家、织田信孝取得联系，准备共同举兵。丰臣秀吉得知此消息后，决定趁柴田胜家被大雪封阻无法驰援之际，一举击败泷川一益。天正十一年（1583年）年正月，丰臣秀吉大举进兵攻入伊势国，并分兵攻打峰城、龟山城等。三月三日，龟山城被攻破，丰臣秀吉命织田信雄镇守此城。

在这种情况下，柴田胜家加快了出兵准备。他首先命佐佐成政镇守越中国，然后命令佐久间盛政占领上杉景胜属城——越后国颈城郡的荒城，接着，佐久间盛政做好了准备，防范上杉景胜反攻。同时，他计划奉将军足利义昭为正统，借以对抗丰臣秀吉。当时，足利义昭的靠山是毛利辉元，柴田胜家与足利义昭取得联系，自然会与毛利辉元搭上关系。柴田胜家给足利义昭的近臣真木岛昭光修书一封，商议以天正十一年三月九日为期进军近江国，与足利义昭、毛利辉元等人合力夹击丰臣秀吉。此信收录在《古今消息集》中。

三月九日，柴田胜家准备出兵，先命佐久间盛政为先锋率两万人进攻近江国，前田利家同时率三千人与之会合。然而，佐

[①] 甲斐国别称。——译者注
[②] 日本南北朝时代至室町时代的官职名，用于辅佐关东公方。——译者注

久间盛政害怕前田利家与丰臣秀吉勾结，劝说柴田胜家处决前田利家，但柴田胜家没有同意。前田利家知道了这个消息，不禁大怒，同时也成为他向丰臣秀吉倒戈的契机。当时尚在伊势国的丰臣秀吉听闻柴田胜家率军来犯，便将织田信雄留在伊势国驻守以防泷川一益来袭，自己则亲自率军前往长滨城列阵以待。

柴田胜家当时在柳濑城。丰臣秀吉到达贱岳后，从远处观察柴田胜家的城池及布防等情况。通过观察，丰臣秀吉认为此城异常坚固，无法轻易攻取，于是便乔装混在士兵中亲自前往侦察敌情，并按照山形地势修筑了二十四个堡垒待敌。然后，丰臣秀吉派人前往越后国给上杉景胜送去一封书信，让他进攻能登国和越中国；又派细川忠兴率丹后国水军袭击越前国沿海一线，借以牵制柴田胜家。当时，织田信孝与四国的长曾我部元亲①遥相呼应，于岐阜城起兵以支持柴田胜家。丰臣秀吉闻之大怒，于天正十一年（1583年）四月十七日率军从长滨城出发到达大垣城布阵，准备于四月十九日进攻岐阜城。但由于天降大雨，合渡川河水泛滥，计划被迫终止。柴田胜家打算乘正在美浓国布阵的丰臣秀吉军队立足未稳之际发动进攻，于是派人前往侦察敌情。经侦察得知，丰臣秀吉所筑二十四个堡垒之间相互拱卫，无可乘之机，只有堂木山与大岩山因地势所限与其他堡垒相距较远，并且外部工事尚未完成，因而柴田胜家打算先从堂木山与大岩山入手。四月二十日，柴田胜家亲自在东野布阵，派佐久间盛政进攻大岩山。

---

① 长曾我部是日本一个武家氏族，又名长宗我部氏，因此长曾我部元亲也叫长宗我部元亲。——译者注

大岩山位于贱岳东麓，由中川清秀镇守。佐久间盛政从小路进攻，中川清秀战死，佐久间盛政打算于四月二十一日乘机一举攻破贱岳所有堡垒。在美浓国的丰臣秀吉听闻此消息后，立即于当日申时从大垣城出发，于戌时到达近江国木本城。大垣城与木本城之间相距十三里①，丰臣秀吉仅用两个半小时便到达了。四月十一日拂晓时分，柴田胜家与佐久间盛政惊闻丰臣秀吉已经到达，于是决定退兵。丰臣秀吉抓住战机，进攻贱岳东麓并获大胜，柴田胜家逃往越前国北庄城。丰臣秀吉乘胜追击，四月二十二日到达府中城。城主前田利家投降，并甘为丰臣秀吉做向导，丰臣秀吉大军于四月二十三日将北庄城团团围住。当天夜里自知大势已去的柴田胜家，于城中举办诀别之宴。夫妇二人痛饮之后题写绝命诗，并将三女儿江送给丰臣秀吉。三女儿江原为浅井长政之女，浅井长政之妻便是织田信长之妹。浅井长政败亡后，江来投奔柴田胜家。柴田胜家一族虽然将要倾巢覆灭，但最终不忍杀害此女，因而决定将她送给丰臣秀吉。江有两个姐姐，其中长姐淀为丰臣秀吉侧室殿，二姐初为京极高次的夫人。后来，江成为德川幕府第二代征夷大将军德川秀忠之妻。四月二十四日，丰臣秀吉军攻入北庄城内，柴田胜家于天守阁剖腹自杀。丰臣秀吉给小早川隆景的信中如此描述称："柴田胜家登上天守阁，对众兵士说：'请观我剖腹，以为大家之榜样。'"至此，作为织田信长的遗臣，同时是丰臣秀吉长辈的柴田胜家首先败亡。

---

① 日本距离单位。1里约等于3.9千米。——译者注

丰臣秀吉之所以能够在如此短的时间内战胜柴田胜家，首先得益于丰臣秀吉大军行动之迅速，使柴田胜家无暇应对。向小早川隆景通报战况时，丰臣秀吉曾表示："如果给柴田胜家以喘息之机，则必反受其害。平定日本正在此时，即便全军覆没也在所不惜。"天正十一年（1583年）四月二十五日，丰臣秀吉攻入越中国后，佐佐成政投降。丰臣秀吉在信中说："待进军加贺国，诸城皆惧怕筑前①之兵威而破城，甚至草木皆靡。"他将石川郡、河北郡让给前田利家。天正十一年五月一日，丰臣秀吉率军到达北庄城，将若狭国、越前国和加贺郡悉数授予丹羽长秀，将伊势国让给织田信雄，同时派一队人马做好战斗准备，防止泷川一益前来攻打，然后亲自率军将织田信孝围困于岐阜城内。当时，柴田胜家的死讯已经传到岐阜城内，不少士兵闻讯遁逃，织田信孝自知难以阻挡丰臣秀吉的攻势，被迫向尾张国逃去。途中，他遭遇了织田信雄的追击，走投无路，最终在知多郡内海大御堂自杀。泷川一益独木难支，只好投降，织田信雄将他放逐到大野郡，但仍旧给了他五千石粮食。至此，近畿地方全部平定，丰臣秀吉开始大封诸将，诸将都得到了封地，这在《秀吉事记》《太阁记》等文献中有详细记述。北条氏政、上杉景胜、德川家康等人见状，纷纷遣使与丰臣秀吉修好。随着柴田胜家的覆亡，丰臣秀吉将这一消息书面传达给东部与西部各地的豪强，西至小早川隆景，北达结城晴朝。该文书在《吉川家什书》《古今消息集》《宇都宫文书》等文献中均有记载，并且言辞一致。

---

① 指丰城秀吉。——译者注

丰臣秀吉霸业的完成源于三大战役，即山崎之战、贱岳之战与小牧之战。其中，对丰臣秀吉而言，贱岳之战是关系成败的关键，这和关原之战对德川家康的重要性极其相似。丰臣秀吉也承认，他能够一统日本，全赖此战。

第 9 章

丰臣秀吉的各方经略

第1节 大阪城筑城

丰臣秀吉灭掉柴田胜家的同时,立志统一日本。从越前国凯旋的当月,即天正十一年(1583年)五月,丰臣秀吉便开始计划修筑大阪城。在此之前,丰臣秀吉的大本营在山崎城,此城为山城,地域狭小,不宜久居,所以他开始谋划在大阪建城。大阪城附近地域宽广、有山川之便,靠近京都,便于统御四海[①],属建城最理想之地。长期以来,大阪是本愿寺僧侣的大本营,原本便建有坚固的城池。天正八年(1580年),织田信长从本愿寺撤出后,命池田信辉镇守大阪。

为了在大阪筑城,丰臣秀吉先将池田信辉转封至美浓国,并于天正十一年十一月向自己所属的三十多个封国的大名下达命令,要求他们前来共同筑城。大阪城北面以淀川为界,设京桥口与天满桥口两个关卡;西面以东横崛川为界,设今桥口、高丽桥口、平野桥口、本町桥口、农人桥口、安道寺桥口等关卡;南面设立生玉口、天王寺口两个关卡,因为南面没有河川,所以专门开凿了护城河。该护城河经过了鴫[②]野,向东直达平野川,覆设鴫野口与平野口两个关卡。大阪城规模宏大,现存的大阪城只是丰臣秀吉所建大阪城中心城区的一部分而已。由于史料不足,当初收到丰臣秀吉命令的大名们是如何分工、以何种方式建造大阪城的,现在已不甚明了。不过,根据《黑田家谱》记载,丰臣秀吉

---

① 日本。——译者注
② 日本专有的汉字。——译者注

给前来帮忙筑城的大名们在京畿之内都安排了临时领地，而《宫部文书》中部分记载了当时各部分工程参加人员的数量等，由此可以大致推算大阪城的整体规模。一般想来，如丰臣秀吉这般非常有威势之人，规划规模如此庞大的工程，必然会督促大名们尽快完工，但事实并非如此，丰臣秀吉反倒对他们非常和善并优待有加。比如，丰臣秀吉给兵部少辅[①]宫部长房的朱印状[②]中表示："天气炎热，众工辛劳，可早晚用功，日中干一时休一时，以免中暑。我本人也非终日辛劳，亦时时各处兜转以避暑气，此事甚要。"虽说如此，大名们却更加卖力。大阪城具体完工的时间已经无法考证，但据《贝塚天满记》记载，丰臣秀吉于天正十二年（1584年）八月八日移居大阪城，由此可见当时至少内部工程已经完成。同时，《贝塚天满记》记述了大阪城规模之宏伟，"来到大阪城，二人[③]便受到了热情招待。丰臣秀吉甚至亲自担任解说一职，带领他们参观了天守阁及女侍们的居所，甚至参观了浴室与便所。其中，装三百枚金币的箱子有十箱，装五百枚金币的有八箱。此外，服装、寝具甚多，蚊帐、化妆盒不计其数，还有绵帛、料纸的置所[④]、镶金的木屐、金丝织锦做的布鞋等，不一而足，无法一一描述"。

筑城的同时，丰臣秀吉做了城内的规划，在天王寺、住吉、堺津等长约三里的地界内建了各式店铺与十字路。此外，还在大

[①] 兵部的官职名。——译者注
[②] 日本战国时代到江户时代的史料中盖有红色印章的文书。——译者注
[③] 无法确定他们的具体身份。——译者注
[④] 即放置书写用纸的仓库。——译者

绘有大阪城的屏风，侯爵黑田长成氏收藏

通过此图，可以了解丰臣秀吉所经营的大阪城的状况。根据此图，可知大阪城的天守（天守阁）、矢仓（武器库）、千叠敷（平整而宽阔的空地）的样子

阪城周围建造了鳞次栉比的宅邸，诸将纷纷移居过来。从此，大阪变得舟车繁忙，逐渐成为海内①第一大都市。

第2节 分封诸将

天正十三年（1585年）左右，丰臣秀吉以大阪为中心开始依次分封诸将，将摄津国的大部分领地分封给了近臣，将河内国划为大阪的直辖地，将大和国、和泉国、纪伊国封给了弟弟丰臣秀长，并让他住在郡山城。山城国由前田玄以代管，而五畿②之内的领地未分封给其他诸侯，全部成为丰臣秀吉的直辖领地。丰臣秀吉将姐姐之子丰臣秀次③分封到与山城国相邻的近江国的八幡城，将自己信任的浅野长政分封到濑田城，将中村一氏分封到甲贺郡，将生驹亲正分封到高岛郡，这些封地以丰臣秀次的封地为中心，将京都拱卫起来，凭借有利地形防范其他诸国。此外，丰臣秀吉将养子丰臣秀胜分封到丹波国，让他驻守福知山城；又把八上城分封给前田玄以，这和让诸将拱卫丰臣秀次一样，意图通过前田玄以来拱卫丰臣秀胜。如此一来，近畿附近地区全部为丰臣家族所占有。此外，越前国是进入北陆的咽喉要地，地理位置十分重要，非能人莫能守之，此处原本分封给了丹羽长秀，但丹羽长秀临死之前留有遗言称，"子（丹羽）长重不肖，难堪镇守要地

---

① 日本。——译者注
② 大和、山城、摄津、河内、和泉五国。——译者注
③ 丰臣秀吉姐姐之子，又名羽柴秀次、三好秀次，日本战国时代至安土桃山时代的武将、大名、关白。——译者注

重任,当另选能人",于是丹羽长重被转封至若狭国。越前国分封给了堀秀政、长谷川秀一、木村隼人、金森长近、蜂屋赖隆,加贺国、能登国分封给了前田利家,越中国分封给了前田利政,北陆道的分封至此全部结束。东山道的美浓国的属城——大垣城分封给了池田信辉,金山城分封给了森长一。飞骅①国及越前国的一部分分封给了金森长近,让其镇守高山城东海道方面,尾张国分封给了织田信雄,伊势国分封给了蒲生氏乡,伊贺国分封给了筒井定次。山阴道、山阳道方面,丹后国依旧为细川忠兴所有,但马国为前野长泰、赤松弥三郎、别所孙右卫门、明石兴四郎四人所有,因幡国为宫部继润、龟井兹矩所有,伯耆国为毛利氏一族所有;播磨国一带的龙野城分封给了福岛正则,三木城分封给了中川秀政,明石城分封给了高山友房,其余部分则全部分封给了近臣们。美作国、备前国、备中国依旧为浮田氏所有;毛利辉元的领地仍以备中国的西半部为起点,向西延伸到备后国,长门国、安艺国、出云国也归毛利辉元所有。四国方面,阿波国分封给了蜂须贺家政,赞岐国分封给了仙石秀久,淡路国分封给了胁坂安治与加藤嘉明,土佐国分封给了长曾我部元亲,伊予国分封给了毛利辉元。天正十一年(1583年)、天正十三(1585年)、天正十四年(1586年)的分封大致如此。天正十五年(1587年)丰臣秀吉平定了九州,天正十八年(1590年)平定了关东,他的势力范围进一步扩大了。

从丰臣秀吉对于领地的分封来看,为拱卫其大本营大阪,首

---

① 日本专有汉字。——译者注

先让其一门一族获得近畿三方,并将近臣安置在各处要地作为外援,由此可以看出他心思之缜密、谋略之高深。《秀吉事记》中关于大阪筑城的部分曾有如此描述,"以五畿为外廓,以彼地城主为卫守",这并非作者夸张,实际情况就是如此。

第3节 叙任

如前所述,丰臣秀吉在诛杀明智光秀后,为嘉奖他的功绩,朝廷下令为其加官晋爵。翌年(1583年)四月,柴田胜家自杀后,朝廷又要为丰臣秀吉庆功。天正十一年(1583年)五月二十二日,丰臣秀吉升任从四位下参议。天正十二年(1584年)十一月二十二日,他再次晋升,担任从三位权大纳言[①]。不过,《言经卿记》中天正十二年十月四日的记述为"筑州叙爵,少将被任[②]"。同样,《多闻院日记》同年(1584年)十月十六日的记述为:"此次于京都,天子之意欲授筑前守羽柴四位大将之职同时兼任将军。丰臣推辞,拜受五位少将。"根据该记载,天正十二年十月,丰臣秀吉初次被授爵,而根据以记述天皇对丰臣秀吉的各种书面或口授旨意为主的《秀吉事记》来看,天正十二年十一月,丰臣秀吉初次被授爵。时间上不一致,会产生天皇究竟于何时降旨的疑问。德川家康身上也存在同样问题。像丰臣秀吉、德川家康这样鲤鱼跃龙门一样登上高位者,对他们所获官职、爵位的大小顺序的记述或许

[①] 出自《秀吉事记·公卿补任》。——原注
[②] 丰臣秀吉曾担任筑前守,所以"筑州"代指丰臣秀吉。"少将被任"的意思是升任少将。——译者注

会出现一些偏差。前几年,内阁记录科在其收集的《押小路家文书》中,找到了天正十年(1582年)十月三日擢升丰臣秀吉为筑前左近卫少将的圣旨原本。文中明确称丰臣秀吉为"筑前守",由此来看,赐予丰臣秀吉筑前左近卫少将的时间是天正十年十月,而非之后。既然当时的圣旨明确表明了时间,《秀吉事记》中记载的口谕应该也是当时的,只不过收录的时间延后了。关于丰臣秀吉叙爵,《言经卿记》《多闻院日记》记载的时间是天正十二年(1584年),而《贝塚天满记》天正十二年十月三日记载的内容称:"今日三日(1584年12月),京都来书,所记为筑州[1]升晋之事。"同时表示,天皇认为应该让丰臣秀吉"担任四位参议大将,同时兼任将军,但最终顺从丰臣秀吉的意愿,让他担任五位少将"。

　　天正十三年(1585年)三月十日,丰臣秀吉被任命为内大臣[2],随后朝廷派人封其母为大政所,其夫人为北政所。后来,丰臣秀吉被任命为左大臣时,时任左大臣近卫信辅必须先辞职,近卫信辅想到的退路是取代二条昭实成为关白,二人开始进行斗争。当时的右大臣菊亭晴季与丰臣秀吉关系密切,想乘此良机将丰臣秀吉扶上关白之位,便向朝廷奏请。于是,天正十三年七月十一日,丰臣秀吉升任关白,叙爵从一位,二条昭实被迫辞去关白。从诛杀明智光秀到升任关白,丰臣秀吉仅用了三年时间。

　　在日本,非藤原一族出身而官拜关白之位的人前所未有,朝野上下对丰臣秀吉升任关白一事均大吃一惊。因为丰臣秀吉的确

---

① 指丰臣秀吉。——译者注
② 官职名,又称内丞相、内相国等。——译者注

建立了过人的功绩,所以无人敢公然提出异议。不过,一直以来拥有摄政权力的家族中仍然有愤愤不平的,比如松平子爵家收藏的近卫信辅的述怀状①便说明了这些家族的态度。这份述怀状虽然言辞委婉,但真切地表现出无比的愤慨。同样,《三藐院信尹记》中也有类似的言论,由此可以了解一些当时的状况。

丰臣秀吉既已升任关白,按照前例便要任命各大夫②。于是,他命中村一氏、石田三成、福岛正则、大谷吉继等人担任大夫,叙爵从五位下。据说,最初丰臣秀吉想担任征夷大将军,所以打算做足利义昭的养子,以便代替足利义昭继任征夷大将军。由于足利义昭不从,丰臣秀吉大怒。菊亭晴季劝告丰臣秀吉时,丰臣秀吉问他关白与征夷大将军孰重孰轻,菊亭晴季表示,除了天皇,关白最尊贵。正是由于菊亭晴季从中斡旋,丰臣秀吉后来才选择担任关白,《日本外史》《玉露证话》《本朝通鉴》及林罗山的《秀吉谱》均采信了上述说法。然而,从丰臣秀吉的政治思想认识来看,上述说法不足为信。如前所述,丰臣秀吉的政策不过是织田信长政策的延续——织田信长的政治思想主要是以皇室为中心,将自己作为朝廷的一员,从而执掌政务;他非但没有考虑过复兴武家政治,反倒要废除武家政治,进而建立以皇室为中心的政治体制。丰臣秀吉继承了织田信长的政治理念,没有主动想要得到征夷大将军一职,也不想再次逆潮流而动恢复武家治国的政策。再者,从丰臣秀吉诛杀明智光秀之后的一系列做法来

---

① 书写者表达自己心中所想所感或不平愤懑之事的文书。——译者注
② 日本律令制下的大夫是太政官三位以上、寮四位以上的官员。——译者注

看，没有发现他有要复兴武家政治的苗头。他奉旨行事，同意朝廷给自己加官晋爵，也不过是因为织田信长也曾受到朝廷的封赏，是对织田信长的另一种模仿而已。不过，有种说法认为丰臣秀吉先是想要得到征夷大将军之职，没有成功才退而求其次成为关白。这种说法与当时的实际情况是矛盾的，似乎也可以说是一种妄断。

第4节 改姓

有关丰臣秀吉改姓一事，其中详细的来龙去脉至今尚不清楚。一说丰臣秀吉为了继承织田信长的遗志，想要有一番作为，于是便以织田信长为榜样，改姓为"平"[①]。因此，在天正十年（1582年）给丰臣秀吉叙爵及对其进行补任的圣旨中均称之为"平秀吉"。但是当丰臣秀吉升任关白一职时，"平"姓就变得不太合适，于是丰臣秀吉又改姓"藤原"。丰臣秀吉改姓"藤原"是为了提高自己的身价，因为藤原氏在日本历史上是赫赫有名的权贵，而"近卫氏"是"藤原氏"的旁支，为此，丰臣秀吉成了近卫前久的养子。因此，据《贝塚天满记》天正十三年（1585年）七月十日记载："秀吉晋升关白，成为近卫前久之养子。"对于丰臣秀吉而言，成为他人养子、借用他人之姓终究非其所甘愿，因而他便想另辟一新姓来开宗建祖。为此，丰臣秀吉专门召集了众多巨学鸿儒，让他们研究考证百家系谱及诸家经典为自己改姓。在

---

① "平"取平天下之意。——译者注

听取他们的见解的同时,丰臣秀吉自己也有所思考。丰臣秀吉认为,源、平、藤、橘四姓是根据各自功绩而由天皇赐姓而来,因此,丰臣秀吉也想因循此前例得到天皇赐姓。为此,丰臣秀吉在与菊亭晴季商议之后,向朝廷奏请了此事,此奏状的原件现存于内阁记录科所收藏的《押小路家文书》中。至于改姓的原因,文中写道,"谨考,依旧例,改姓者古今之恒典,时之通规也",并且在请奏文的最后以"奏请以藤原改姓丰臣"一文结尾——"丰臣"一姓自然便是丰臣秀吉遍请学问大家穷尽经典得出的结果——此奏章落款为天正十三年(1585年)九月九日。朝廷对此奏章立即做出了回复,准许了丰臣秀吉的要求。《押小路家文书》出现之前,一般认为"丰臣"是朝廷赏赐给丰臣秀吉的,而根据上述资料显示,实为丰臣秀吉首先自己选定,然后奏请朝廷,再由朝廷下赐的。由此可见,丰臣秀吉已不屑再假借他人之姓,而要独创一新姓来显示自己的与众不同。

第5节 任命五奉行

丰臣秀吉升任关白之后开始全面执掌政务,并按照需要设立五奉行[①]之职,同时仍然让前田玄以担任京都所司代[②]一职,并执掌寺院神社等宗教事务,让长束正家负责财政,浅野长政、增田长盛、石田三成三人负责刑狱。丰臣秀吉对五奉行各自进行了训

[①] 奉行为官职名,五奉行分别为浅野长政、前田玄以、石田三成、增田长盛、长束正家。——译者注
[②] 所代司为官职名,负责与朝廷的各种事务的交流、交涉。——译者注

示,不过训示的内容并没有明确的记载。根据后来发现的林罗山所著《秀吉谱》与小濑甫菴所著《太阁记》等相关内容的记述及上述五人所具体执掌事务来看,有过训示一事应是无误。关于五人的任命日期,也没有明确记载,应该是在丰臣秀吉任关白时发生的。按照《浅野家谱》显示,浅野长政位列五人之首,同时在庆长二年(1597年)摄津国芥川郡米仓登记藏米数量的账本中也有类似浅野长政为五人之首的记载。如此看来,浅野长政位列五奉行之首当属无误。

第6节 朱印

丰臣秀吉的朱印[①]最早用于何时至今尚无定论,从现有史料显示,最早应为天正十一年(1583年)十月十八日。摄津国《椎井文书》中有丰臣秀吉审阅来自兵库的船役账本记录,天正十一年的七月三十日之前一直为画押形式,十月十八日之后开始使用朱印。此后一段时间内,收据等不太重要的文书使用朱印,像嘉奖信、书信、证文、给下属拨付钱粮等比较重要的文书等仍然使用画押的方式。由于最初使用的朱印较小,而且一直被使用在一些比较琐碎的事务中,因此当时的朱印并未能体现丰臣秀吉一统天下的远大志向。自天正十二年(1584年)开始,丰臣秀吉开始在与手下诸将来往的相关文书中使用朱印,其中在向龟井兹矩通报小牧之战战况时便使用了朱印,但同时在朱印之上书有"秀吉"二

---

① 印章。——译者注

字。同时，对小早川隆景、毛利辉元等外氏外臣还是只使用画押的方式。由此可见，丰臣秀吉按照文书性质及人物对象，对使用朱印还是画押还是有所区别对待。天正十三年（1585年）三月丰臣秀吉任内大臣之后朱印的使用次数开始变多，开始广泛使用则是于四月补任关白之后，其印的字体不甚明了，应该与井伊直政的朱印比较相似。井伊直政朱印上的印字如同篆书的"龙"字，与前些年在博多①丝岛②上发掘出的铜印文字十分相似。铜印一般也被称为丝印，所谓丝印，据说在足利时代在与中国明朝进行贸易时，在每束生丝上都会按印作为信证，故而得名，虽名为"丝印"，却实为铜印。由于丝印较为贵重，不能随便使用，因此有人怀疑丰臣秀吉的朱印便是铜印，观其印痕也绝非木印，因而可以推断为铜印。此外，还有一种传言认为，丰臣秀吉的朱印是模仿桃核形状而作，因没有确切证据，便不再赘述。

---

① 日本地名，相当于今福冈市博多区。——译者注
② 地名。——译者注

第 10 章

小牧之战

据说德川家康在小牧之战中打出的旗号是"不忘信长旧恩,起义兵以诛秀吉"。从表面来看这一口号的确冠冕堂皇,但其实质也不过是德川家康拥护织田信雄欲与丰臣秀吉一决雌雄的口号而已。

第1节　德川家康与织田信雄

当初,在听到织田信长遇害的消息之后,上杉景胜、北条氏政、德川家康三人均计划乘此良机将关东收入自己囊中。德川家康首先与北条氏政就甲斐国的归属展开争夺,但织田信孝、织田信雄两兄弟屡次规劝德川家康,认为此时应与北条氏政讲和让其作为外援,德川家康最终听从了该建议。德川家康在给信浓国依田氏①的书信中写道:""信长二子屡与我意相左,当年我等事信长,深蒙厚恩,此间应和兴。""和兴"便是和睦相处之意,因而德川家康要与北条氏政进行讲和。同时,从二人均受织田信长厚恩来看,在情理上,二人相和自然也是理所当然的。如此,德川家康与北条氏政和好,决意共同扶助织田信雄。天正十一年(1583年)一月十六日,德川家康首先由滨松城赶赴冈崎城,织田信雄也于一月十八日从安土城赶往冈崎城,二人会面后开始密谈。二人分别后仍旧频繁通信,关系日益紧密。织田信雄于三月二十七日向德川家康通报了伊势国战况,德川家康也向织田信雄传达了信浓国状况,这些书信均被记载在《武家事记》中。二人关系虽然

---

① 依田信蕃。——译者注

逐渐升温,但此时尚未对丰臣秀吉表露出明显的反叛之意。柴田胜家自杀之后,德川家康派人向丰臣秀吉致贺,丰臣秀吉也遣人向德川家康致谢。二人内心的真实想法不言自明,但二人此时至少还维持表面上的关系。

随着德川家康与织田信雄关系的日益紧密,二人最终签订了密约。密约共由十一条组成,均由密语写成,极难破解。从密约的条文来看,德川家康行事十分稳重,不想随意挑起战端。他主要是想先静观丰臣秀吉的动向,然后再采取相应对策;同时他规劝织田信雄不要轻举妄动以待时机。此外,密约中没有写明日期,因而也无法得知具体的生效日期,根据推测应该是在德川家康与丰臣秀吉彻底翻脸的天正十一年(1583年)末或翌年初。

第2节 织田信雄与丰臣秀吉

至少从表面上来看,丰臣秀吉对织田信雄还是十分恭敬的。比如,天正十一年正月七日,丰臣秀吉于山崎城赴京向朝廷参贺之后,便立即来到安土城谒见三法师及织田信雄,所用仪规均与对待织田信长毫无二致。在诛灭柴田胜家之后,丰臣秀吉便将伊贺、伊势、尾张三国全部授予织田信雄,并让其居住在长岛城,以此来显示自己对织田信雄的恭敬之意。但实际上,丰臣秀吉一直在暗地里谋划如何消灭织田信雄。当时织田信雄身边有冈田重孝、津川义冬、浅井长时三位股肱老臣,三人皆为智勇双全之士,为离间织田信雄与三人之间的关系,丰臣秀吉暗地里对三人极力进行拉拢引诱,从而让织田信雄对三人逐渐生疑。据《小牧

长篠合战记》所载,织田信雄怀疑三人与丰臣秀吉内通,因而开始愈加倚重德川家康,甚至开始向德川家康商议如何处置三人,这自然是中了丰臣秀吉的诡计。天正十二年(1584年)二月,德川家康派人给织田信雄送信,称自己有要事想要密谈,打算于三月七日亲自前往织田信雄居城会面。织田信雄以德川家康来访为由,于三月六日将三人诱至居城后杀害。自此,织田信雄与丰臣秀吉的关系完全破裂。

丰臣秀吉闻讯大怒,心中却是狂喜不已,得意于自己计谋的得逞。于是,丰臣秀吉以织田信雄滥杀无辜为名,准备讨伐织田信雄。据资料显示,表面上看是丰臣秀吉设计欺骗了织田信雄,使其误以为三人内通自己,从而挑起战端,但实际上是丰臣秀吉和德川家康二人联手利用了织田信雄。从小牧之战的结果来看,织田信雄才是最值得同情的。

第3节 德川家康的计划

德川家康设想的小牧之战的战局规模相当庞大,在诱使土佐国的长曾我部元亲及纪伊国的根来、杂贺等地方武装集团①袭击大阪城的同时,与越中国的佐佐成政通好并遥相呼应,让其从中牵制丰臣秀吉。如此一来,丰臣秀吉再强悍也难以阻挡四面八方来犯之敌,必然会在转瞬之际陷入困境。

织田信雄在诛杀上文所述三位老臣之后,遣书土佐国的香曾我

---

① 根来以根来寺的僧兵为中心,杂贺主要为佣兵。——译者注

部^①亲泰，请求其与长曾我部元亲共同出兵淡路^②以为相互支援。此后，双方之间也互动频繁。天正十二年（1584年）八月十八日，织田信雄与德川家康联名将土佐国、阿波国、赞岐国三地许让给长曾我部元亲；同时又联名向纪伊国的地方武装集团发出书信，请求其为之声援。此外，二人还想与北方的佐佐成政进行联合。

如此一来，小牧之战便从地域上横跨了四国、和泉国、伊势国、越中国、加贺国的广大地区，并从背面及侧面对丰臣秀吉形成牵制之势，使丰臣秀吉难以左右兼顾。丰臣秀吉将如何应对，值得期待。

第4节 小牧对阵

由于丰臣秀吉与德川家康的关系日见紧张，丰臣秀吉想要大举东进一举荡平德川家康，而德川家康也想趁机与丰臣秀吉一决雌雄。为消除后顾之忧，德川家康首先将自己的后方进行了严密防守，这主要针对的是北条氏政和上杉景胜。按照计划，德川家康于天正十二年三月七日进兵，但由于途中受风雨所阻，于三月十三日方才到达清洲城与织田信雄会合。之后双方召集诸将商议作战计划，经过讨论，认为占据尾张国的小牧山最有利。如此一来，德川家康就先于丰臣秀吉抢得先机，甚至有人认为虽未开战，德川家康便已经胜券在握。

---

① 原文为"香曾我部"。在日语中，"曾"与"宗"发音相同，所以"香曾我部"又叫"香宗我部"。在现代日本，"香宗我部"更常见。——译者注
② 地名，即淡路岛。——译者注

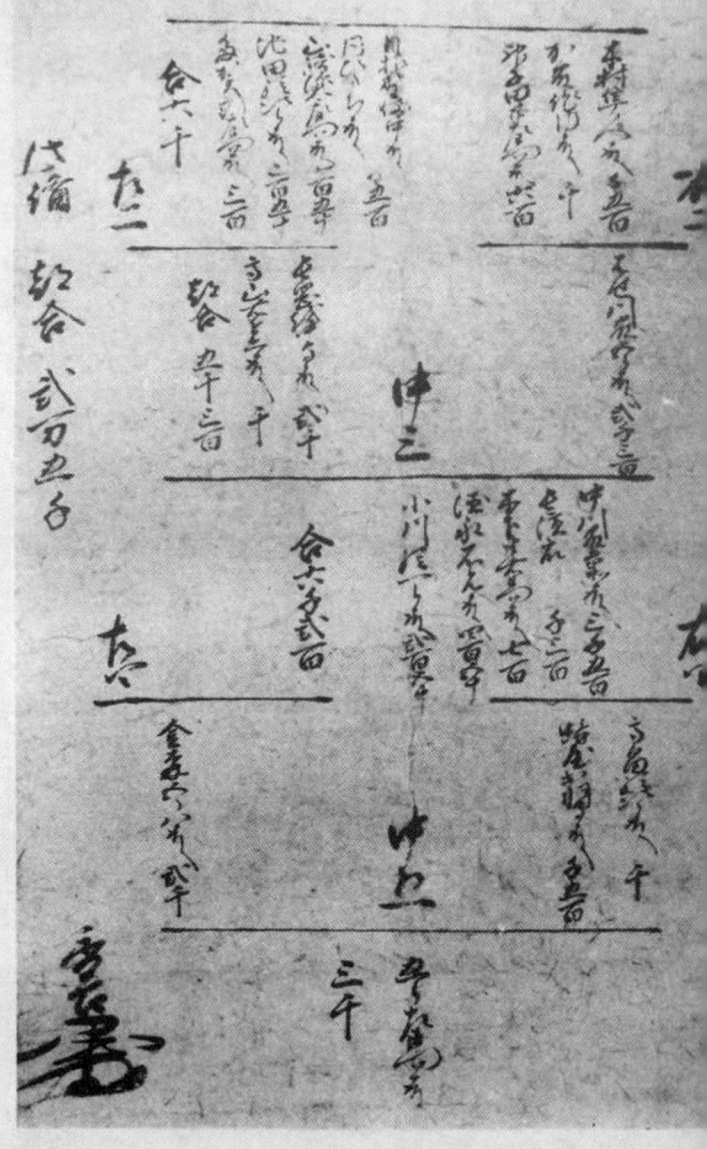

丰臣秀吉（羽柴秀吉）亲绘小牧之战对阵图，
伯爵前田利男氏收藏

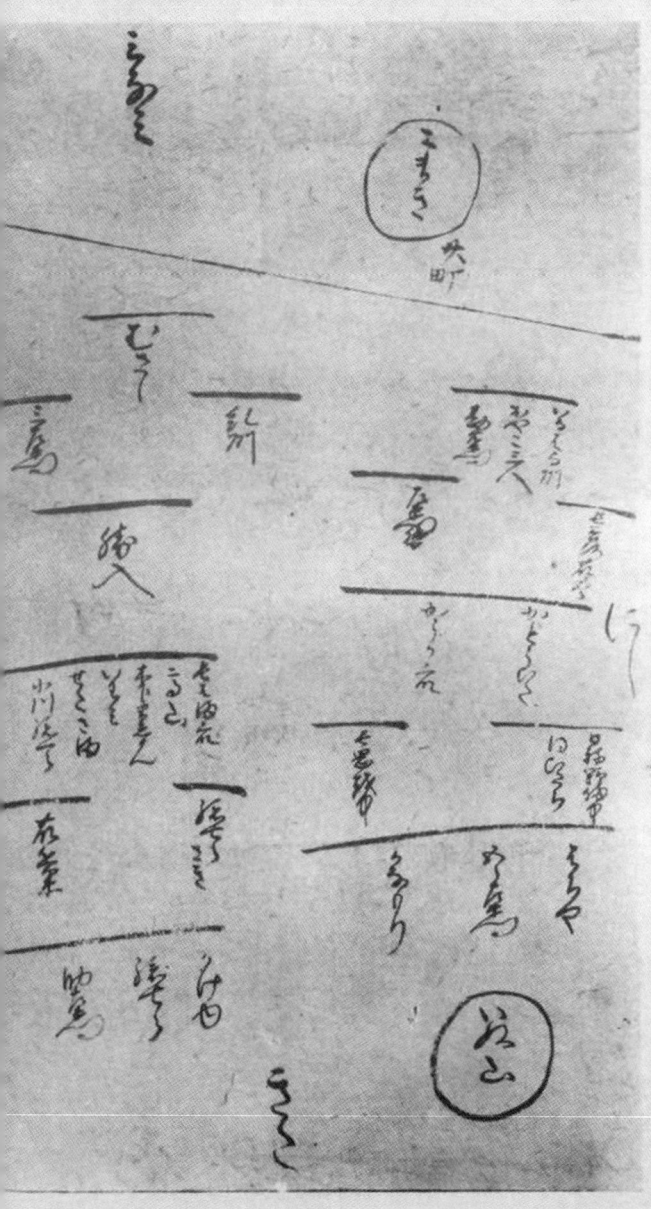

天正十二年（1584年），德川家康进入尾张国，在小牧山布阵。丰臣秀吉也进入尾张国，并于三月二十七日进入犬山城。为了在小牧山对抗德川家康，丰臣秀吉制定了该阵型，并对诸将进行了部署。左侧为阵型的梗概，右侧为阵型西部的详细部署。

丰臣秀吉先是派遣池田信辉与森长可于尾张国布阵，以防止德川家康前来进犯。三月十七日，双方的斥候在丹羽郡羽黑城遭遇并兵戎相见，揭开了小牧之战的序幕。

丰臣秀吉原本预定的出发日期为三月十九日。此时，按照德川家康的要求，纪伊国的地方武装集团与长曾我部元亲准备袭击大阪城，土佐国军队也已经登陆和泉国地界。如此一来，丰臣秀吉开始犹豫是否要按原计划出兵。丰臣秀吉本来非常善于抢占先机，但在此役中先机已然被德川家康抢走。三月二十七日，丰臣秀吉在做好背面的防守准备之后，开始向东进入尾张国犬山城。德川家康在小牧山列阵完毕后，以逸待劳等待丰臣秀吉前来。当日，榊原康政将一篇用汉文书写的战斗檄文传至各军，痛斥丰臣秀吉的种种罪行。丰臣秀吉看到此檄文后勃然大怒，下令悬赏榊原康政首级。据传该檄文原先被保存在了《榊原家谱》中，但后来因为地震所引发的火灾导致不少文书资料被烧毁，现在已无法考证檄文的具体内容。根据后来小田原之战（1590年）时榊原康政给加藤清正的书信来看，榊原康政文笔十分了得，想必此檄文行文内容必然也是酣畅淋漓。四月五日，丰臣秀吉移阵于乐田，二十二日又转移至小松寺山，虽如此辗转却未能找到可与德川家康所占据的小牧山相媲美的有利地形。四月八日，池田信辉献计，认为小牧山阵地坚若磐石，难以攻取，不如乘三河国之虚攻击德川家康背部。丰臣秀吉听从了该建议，分兵两万让池田信辉负责进攻三河国。德川家康得知消息后派榊原康政与大须贺康高二人事先占据了池田信辉必经之路上的险要之处，待池田信辉通过之后从背面对其发动袭击。池田信辉全军覆没，丰臣秀吉闻讯后急忙派兵救援，但已于事无补。随后，德川家

康又趁机夺取了小幡城，丰臣秀吉没有应战。此战在历史上被称为"长久手合战"。

德川家康得到捷报之后立即向北条氏政做了通报。北条氏政于四月二十三日给德川家康回信（据《士林证文》记载）称，"池田康政父子一万余众皆被歼灭或俘虏，实在可喜可贺"，由此可知是德川家康一方大获全胜。六月十八日，长曾我部元亲给根来、杂贺地方武装集团送信，要求其出兵摄津国。丰臣秀吉对此无计可施，将诸将留在小牧山战场，自己则返回大阪城。德川家康又敦促长曾我部元亲渡海袭击摄津国。此后，德川家康将泷川一益围困至蟹江城并将该城拿下，然后在到达桑名城后在滨田、四日市等地构筑工事，随后德川家康返回清洲城。其间，德川家康与在长岛城的织田信雄之间的联络十分频繁。

天正十二年（1584年）八月十三日，丰臣秀吉再次赶赴尾张国并在二宫列阵；九月十七日，丰臣秀吉将兵力收缩至美浓国；十月二日则又从近江国退回京都，进入二条城。丰臣秀吉之所以行动如此反复无常，皆是因为德川家康在各方向均占得先机所致。从十月开始，丰臣秀吉开始转变策略，首先攻入伊势国，在夺取众城池之后准备攻击织田信雄的居城长岛城。被围困而无计可施的织田信雄最终接受了丰臣秀吉的讲和建议，之后德川家康也被迫接受了这一结果。由此来看，丰臣秀吉的策略是：不再将主力对准德川家康，而是开始专注于对付织田信雄，并迫使其讲和。丰臣秀吉自然明白，如果长时间与德川家康对阵不仅无法取胜还只会白白浪费时间，其间如果发生不测则可能导致天下大乱，如此一来后果将无法收拾。因此，对当时的丰臣秀吉而言，双方讲

和是最有利的,进而最终促使丰臣秀吉改变了策略。

第5节 讲和

据资料显示,双方最早于天正十二年(1584年)九月初便已经开始有所接触。《家忠日记》九月二日、六日的记述称"接报称双方相安无事";《多闻院日记》九月十日记载称"双方无战事,在进行和谈";除《贝塚天满记》在九月十日有"丰臣秀吉与德川家康之间和谈之势已成,双方互换誓书"的记载,前田家所收藏的丰臣秀吉给前田利家的书信中均明确表示双方都热切期望进行和谈。根据和谈要求,织田信雄之女、德川家康之子十一岁的结城秀康[①]及德川家康的同母异父的弟弟松平定胜被丰臣秀吉要求前来当人质;同时,石川数正之子和石川康盛等人之子也被丰臣秀吉要求前来充当人质。此外,按照田孝平氏所藏文书资料显示,丰臣秀吉用日语假名亲书的文字资料对此事也有明确记载。因此可见《家忠日记》等记载并非空穴来风,双方确实已经开始和谈,只是由于和谈条件不一致而一直未能谈拢。比如《家忠日记》在天正十二年九月十二日记载"和谈于八日破裂,不知形势将如何变化";《贝塚天满记》在天正十二年(1584年)九月十日记载称双方讲和大势已定,已开始商议誓约条款。此外,按照织田

---

① 后成为丰臣秀吉的养子,然后又成为结城晴朝的养子,后来又改姓松平。文中出现的于义丸、羽柴秀康、结城秀康、秀康、松平秀康均指此人。——译者注

信雄给土桥重治①的书信内容来看,丰臣秀吉对于讲和之事缺乏诚意,讲和不过是丰臣秀吉为了实现自己的各种阴谋诡计而故意拖延时日罢了。如果丰臣秀吉真有意和谈,必然要向对方做出妥协与承诺,而如果和谈不成,便可随时开战一决雌雄,这便是丰臣秀吉的和谈策略。天正十二年(1584年)九月十七日丰臣秀吉将大军留在尾张国,自己前往美浓国,然后再次回到京都。之后,丰臣秀吉又态度一转,出兵伊势国逼迫织田信雄讲和。根据备前国伊木氏所藏资料显示,丰臣秀吉在给伊木七兵卫的书信中写道:"闻知我将准备于次年平定伊势国长岛城的消息后,织田信雄迫切求和。"从此信来看,讲和好像只是织田信雄的一厢情愿,但据《丰鉴》的详细记载显示,和谈却是丰臣秀吉之所愿,这种说法应该才是历史事实。丰臣秀吉之所以急攻长岛城,目的在于迫使织田信雄陷入进退维谷之地,从而逼迫他与自己和谈。丰臣秀吉计划得逞,织田信雄被迫在桑名城附近的矢田河原与丰臣秀吉会面并进行和谈,同时将双方和谈一事告诉了德川家康。

不难想象,和谈也是德川家康之所愿,只是碍于脸面,德川家康不想以战败而被迫求和的面目示人,因而在态度上一直表现得比较强硬。丰臣秀吉实际上也看出德川家康的心思,因此才出兵伊势国,迫使织田信雄讲和。德川家康出兵源于织田信雄的请求,虽然打出义兵的旗号,但并非真想打仗,因而心中自然乐见两人讲和。如果德川家康想与织田信雄共同进退,没有要与丰臣秀吉讲和之意的话,那么当丰臣秀吉进攻伊势国时,就没有不立

---

① 即土桥平之丞。——译者注

即出兵解救织田信雄之理。然而，德川家康拖拖沓沓没有快速出兵前往解围，这便能充分说明问题。按照《家忠日记》记载，织田信雄向德川家康紧急求援是在天正十二年（1584年）十月二十三日，此后又有多次报急，但德川家康离开小牧山率军到达清洲城则是在十一月九日。之所以行动如此迟缓，是因为德川家康希望在此期间丰臣秀吉与织田信雄能达成和解。在此战之中，德川家康和丰臣秀吉都洞穿了对方的心思，正因为二人英雄所见略同，才最终促成了和谈。不过有一疑问尚存，就是由哪方首先提议和谈请求的问题。按照丰臣秀吉的书信来看，是德川家康一方屡次恳求和谈。而据织田信雄给土桥重治书信中的"丰臣秀吉虽屡屡求和，但我方始终不接受"的记述表明，是丰臣秀吉一方首先提出和谈要求的。到底哪方所言才是事实，现在已经难以考证。总之，双方为保存自己的颜面都在极力玩弄文字游戏，因而难以断定由哪方首先提出的和谈。但从当时总体的形势走向来看，对丰臣秀吉一方十分不利。畿内、四国、北国等地均已与德川家康通好并准备伺机攻打丰臣秀吉，一旦战情不利，丰臣秀吉必然会大祸临头。相反，德川家康却在悠然自得地观测着丰臣秀吉的一举一动。当时丰臣秀吉已经进退失据，时进时退、忽左忽右，其焦虑异常狼狈不堪之情展现无遗，所以应该不难想象，和谈应该是由丰臣秀吉一方首先提出来的。如前所述，德川家康是一个知恩图报之人，起兵帮助织田信雄是出于感念其父织田信长的知遇之恩；作为织田信雄的后援，很难想象十分看中面子的德川家康会主动要求织田信雄向丰臣秀吉求和。况且，战局对德川家康一方一直有利，所以才可以在讲和之初态度强硬，也才有《多闻院日

记》中"因一条目双方未谈拢而导致和谈破裂"的记载。丰臣秀吉也因此被迫变更计划,转而与织田信雄讲和。从这点来看,丰臣秀吉虽然诡计多端,但也不得不急于求和。

织田信雄说服了德川家康,让其同意讲和。在此次战争中的关键人物织田信雄的调停之下,德川家康看似被迫与丰臣秀吉进行了讲和。丰臣秀吉与德川家康双方都看在织田信雄的面子上,互相让步让事情得以解决。虽然想要一决雌雄,但丰臣秀吉与德川家康双雄在当时是希望和平相处的,因而小牧之战只是二人共同利用织田信雄互相试探的牛刀小试罢了。

德川家康之所以笼络织田信雄,以义兵之名要与丰臣秀吉一决雌雄,其实还是因为自认为胜算在握。四国、北国此时均已与德川家康通好,必然会牵制丰臣秀吉,让其畏手畏脚不能大展身手。而后,德川家康便再根据实际情况的变化做出判断,即便双方讲和,未落下风的德川家康自然不会被丰臣秀吉所轻视,甚至还有可能被更加重视。实际上德川家康并没有异想天开地想通过此战而夺取天下,相反准备先通过小试牛刀的方式打探一下丰臣秀吉的实力。而丰臣秀吉也知道德川家康的想法,其在给伊木忠次的书信中表示"德川家康此次是在笼络织田信雄等年轻人"。由此可见,德川家康是在笼络织田信雄等年轻人并加以利用,通过他们来对抗丰臣秀吉。如前所述,德川家康的作战计划确实让丰臣秀吉吃尽了苦头,这成了丰臣秀吉的一大憾事。《荒尾文书》《伊木文书》等对此有"攻入三河国,消除遗憾"的记述,由此可见此战不胜是丰臣秀吉一大遗恨。不过,最终丰臣秀吉摆脱了这种想法,不仅与德川家康和解,还适时地屡次讨好德川家

康，可见丰臣秀吉睿智与心胸之宽广。因此，此战不只是让两大枭雄互相决裂，同时也让两位豪杰惺惺相惜。当时二人对阵，并非只是出动兵马大动干戈，相反，他们是以更巧妙的方式进行了多重对抗，犹如围棋对局，不争当时一子之得失，实为日本历史上罕见的极其有趣的一战。

既然双方已经讲和，必然要落实和谈内容，以使和谈实至名归。天正十二年（1584年）十二月十二日，德川家康派石川数正陪同长子①于义丸及石川数正的儿子胜千代②从滨松城出发西上，去给丰臣秀吉当人质。但丰臣秀吉非但没有将二人当人质对待，反倒将于义丸收为自己的养子，让其改名为羽柴秀康，并受封河内，食一万石。据《古简杂纂》记载，天正十三年（1585年）六月十日，织田信雄给德川家康的信中写道："于义丸及胜千代本为人质，但丰臣秀吉未将二人作为人质对待。"由此看来，为了双方和睦，丰臣秀吉意在通过此举充分保全德川家康的颜面。换言之，小牧之战给了德川家康展示实力与智谋的机会和舞台，同时，丰臣秀吉也通过此战认识到了德川家康的实力，因而在讲和之后丰臣秀吉才对德川家康表现出了极大的优待与尊重。对德川家康而言，此战令他获利颇丰。

---

① 原文为长子，还有一种说法是"次子"。——译者注
② 即石川康胜。——译者注

第 11 章

征讨佐佐成政

据多种资料记载，佐佐成政在小牧之战中站在德川家康一方，与德川家康遥相呼应。比如，德川家康在给纪伊国地方武装集团的一个叫寒川某人的信中有"与西国、北国商议"的字样，"北国"便是指佐佐成政。此外，据《古简杂纂》记载，织田信雄给德川家康的书信中也有"与佐佐氏[①]联合"的字样。记录前田家[②]各种事务的《陈善录》中对此事的记录则更详细。书中记载，佐佐成政偷偷来到滨松城与德川家康与织田信雄议事，他向织田信雄提出要求，让对方在事成之后将北陆五国让于自己。此外，还有各种资料提及德川家康与佐佐成政关系密切，这些说法也应该真实可信。

佐佐成政的计划是：支持德川家康，然后在北国举事。当时佐佐成政的居城在越中国富山城，由于东临越后国受上杉景胜挟制，又西接加贺国与强敌前田利家为邻，致使佐佐成政进退极不自由。为改变这种状况，佐佐成政心生一计，想假借与前田利家通婚的方式麻痹前田利家，然后伺机对其一击毙命。于是，佐佐成政派人求见前田利家希望双方能够缔结为儿女亲家，前田利家同意了佐佐成政的请求。由于当时佐佐成政尚无男嗣，因此他便想将女儿嫁给前田利家的次子为妻，并得到了前田利家的应允。然而，佐佐成政的计谋却不慎败露，前田利家闻之大惊，于天正十二年（1584年）八月二十二日派老臣村井长赖等在朝日山构筑工事，防备佐佐成政来犯。朝日山位于加贺国河北郡，与越中国砺

---

① 佐佐成政。——译者注
② 前田利家。——译者注

波郡相邻，是阻挡佐佐成政前进的咽喉之地。佐佐成政自然也想占据朝日山的有利地形，便于八月二十八日派兵攻打朝日山。村井长赖急忙向金泽城方面告急，前田利家得到消息后立即派兵前往解围。佐佐成政退兵之后，前田利家在增加守兵加强防守之后班师回到金泽城。佐佐成政与前田利家双方关系由此破裂，开始兵戎相见。为了加强边境防守，前田利家派家兄前田安胜父子、长连龙、奥村永福、家弟前田秀继父子等人分别把守能登国的七尾与末森两城，同时通过加强与加贺国的津幡、岛越等诸城的联系，防备佐佐成政从越中国方向前来进攻，然后又派兵把守加贺国边境地区的俱利伽罗[①]、砺波、阿尾、森山等城池，同时又于能登国的边境地带构筑工事，防备敌方进犯七尾城。九月，佐佐成政欲攻取末森城，切断加贺、能登两国方面援兵的进路。九月八日，佐佐成政亲自率军从富山城出发由小道进入能登国，对末森城展开攻击，并在攻破外城后直逼内城。前田利家于当日闻讯便立即赶来救援，城内守兵见状士气高涨，遂打开城门冲杀而出，佐佐成政在内外夹击之下大败而逃。当时末森城守将为奥村永福，为嘉奖其守城退敌有功，前田利家特授其嘉奖令，并加封食禄千石。同时，丰臣秀吉也给奥村永福发了一封嘉奖信，表彰其守城之功。上杉景胜也应前田利家之约发兵至越中国，并将沿途所到之处焚掠一空。十月，前田利家乘胜追击，进兵至俱利伽罗并发动攻击。守将佐佐平左卫门[②]应战，但死伤较重。当时北

---

① 位于越中国与信浓国边境。——译者注
② 佐佐政元。——译者注

境已经被大雪覆盖,因无法交战双方暂时休战。十一月,德川家康与丰臣秀吉议和的消息传至越中国后,佐佐成政闻讯大惊,欲亲自前往拜见德川家康与织田信雄商讨再次起兵之计。他偷偷带领近臣十余人跨冰踏雪,一路经过越中国立山及砂罗砂罗越①之险,来到信浓国诹访。德川家康派人前来迎接,佐佐成政于十二月二十五日到达滨松城并与德川家康会面,力劝德川家康再次举兵。德川家康表示,自己出兵并非是因为与丰臣秀吉有旧仇宿怨,只是应织田信雄之请而已。于是,佐佐成政又赶赴清洲城规劝织田信雄起兵,织田信雄自然也没有同意。失意至极的佐佐成政只好返回越中国。

此后,佐佐成政与前田利家一直互相攻伐,直至天正十三年(1585年)五月,但也并没有分出胜负。六月,丰臣秀吉遣书前田利家,大赞其攻伐佐佐成政之功,并将自己要北伐一事告知前田利家,要前田利家在此期间切莫轻举妄动。实际上,当时的丰臣秀吉正在征讨纪伊国与四国,尚无暇北征。丰臣秀吉之所以提前告诉前田利家自己将要北征的意图,是因为丰臣秀吉认为征伐纪伊国、四国的计划即将大功告成。因此,前田利家按照丰臣秀吉的要求按兵不动,一心只待丰臣秀吉北伐。当丰臣秀吉平定南海,班师回到京都之后,便开始正式谋划北征大计。八月四日,丰臣秀吉首先派遣诸将先行北上,自己也于八月五日一早亲自率军北伐。八月十八日,丰臣秀吉到达金泽城,前田利家前来迎接并尽心款待,但当时丰臣秀吉的大军尚在后方的北庄城。为声援丰臣

---

① 原文为"砂罗砂罗越",日本地名,具体位置不详。——译者注

秀吉，上杉景胜也向越中国边境出兵。佐佐成政决意与前来征讨的丰臣秀吉一决雌雄，特意将兵力从三十多个堡垒收缩，全部集中到富山城内，为迎敌做准备。八月二十日，天色未亮之时，号称有十万之众的丰臣秀吉大军开始越过伽罗山、砺波山朝越中国方向奔来，但因连日天降大雨，神通川河水泛滥导致双方无法交战。八月二十九日雨过天晴，丰臣秀吉出战，准备一举拿下富山城。当天夜里，佐佐成政意识到自己无法获胜，于是剃发出城投降，丰臣秀吉接受了佐佐成政的投降。丰臣秀吉虽然没收了其原有领地，还是将越中国新川的一个郡授予了佐佐成政。佐佐成政原为织田信长的部将，为人性格刚猛，非可轻易侮辱之人，因此丰臣秀吉时常告诫前田利家不要对佐佐成城做出出格之事，于是前田利家便尽量不刺激佐佐成政。自此，北陆方面被丰臣秀吉平定。战后，为奖赏前田利家父子与佐佐成政的屡战之功，丰臣秀吉将越中国赏予了前田利家父子。在前田利家一生中，末森城之战最艰苦。得益于前田利家对佐佐成政所进行的长达十几个月的有效防守，使丰臣秀吉得以从容地应对小牧之战及南海平定之战。为奖赏前田利家所立大功，丰臣秀吉将自己的姓氏授予前田利家，任命其为筑前守一职。丰臣秀吉写给前田利家的表彰信被收录在《陈善录》中，"现将我之姓名授予尔，自今日起由前田又左卫门改称羽柴筑前守"——这既是丰臣秀吉对于前田利家功绩的肯定，同时也可窥知，佐佐成政的确也是一个不凡的对手。

最初，佐佐成政一起兵，飞驒国国司[①]姊小路赖纲也随即起

---

① 官职名。——译者注

兵呼应。丰臣秀吉北征之时,命令森长可攻入飞驒国将叛乱分子悉数歼灭之后,将飞驒国分封给了森长可——此事在《贝塚天满记》《飞川千光寺记》、米泽市吉川氏所藏文书资料中均有记载。据《萩藩阀阅录》记载,天正十三年(1585年)八月十四日,丰臣秀吉给毛利辉元、小早川隆景通报战况的朱印文书中有"飞驒国姊小路一族罪大恶极,将其全部斩杀,自此刀剑无用,飞驒国平定"的记述。自此,与小牧之战有紧密关联的北陆平定之战就此宣告结束。

第 12 章

征讨纪州[①]

---

① 纪州为纪伊国别称。——译者注

当丰臣秀吉与德川家康相持不下之时，纪伊国根来[①]、杂贺地方武装集团推举畠山贞政为首领，与长曾我部元亲通好，欲乘大阪城兵力空虚之机进行偷袭。对此，丰臣秀吉派中村一氏在和泉国岸和田城进行驻防，根来、杂贺武装集团也在千石堀、积善寺等地构筑数个工事，双方你来我往攻防不断。当丰臣秀吉与德川家康议和的消息传来之后，根来、杂贺武装集团自知丰臣秀吉一定会前来征讨，于是加强防守，静待敌人到来。果然，丰臣秀吉得知根来、杂贺武装集团暗通德川家康的消息之后大怒，于是便准备进行征讨。鉴于根来、杂贺两地据山海之险易守难攻，丰臣秀吉首先派人侦察地形制作地图，并分发给诸将以做参考。对此，《秀吉事记》中有关根来、杂贺两地记载道："彼根来、杂贺两地海山险难，无系舟立马之地，先令向导制图。"根来寺位于纪伊国那贺郡山中，为觉鑁上人在高野山上开基建造，是佛教一大名刹。杂贺横跨海部、名草两郡，海部的十一个村、名草的约二十六个村被统称为杂贺庄。与根来一样，当时杂贺吸纳了诸多从各地而来的浪人，他们与当地的僧徒、豪强联合起事作乱，其头领为土桥平之丞、铃木孙市[②]等人。《纪伊风土记》《土桥文书》等对此均有记载。

天正十三年（1585年）三月二十一日，丰臣秀吉亲率大军十万从大阪城出发，在到达岸和田城之后开始进行军事部署。丰臣秀吉首先派自己的弟弟丰臣秀长与三好秀次进攻根来寺僧徒所据守的

[①] "根来"是一个地区，"根来寺"是该地区的一个寺庙。——译者注
[②] 也叫铃木孙一。——译者注

千石堀，令高山重友、中川秀政、筒井定次等诸将前往攻击根来寺。丰臣秀长在攻击千石堀期间使用了火箭，城内所存放的火药被引燃爆炸，城中士兵皆因此而毙命。积善寺守兵闻讯后全部遁逃，土桥平之丞乘船逃往土佐国。三月二十二日，细川忠兴、蒲生氏乡率部去攻打积善寺，而高山重友、中川秀政、筒井定次等人率部奔袭根来寺，并从背面发起攻击。当时寺内众僧徒均已前往各处关卡进行防守，寺内防守空虚，被一举拿下。根据地丧失后，众僧徒们一哄而散，据《高野春秋》记载称，逃入高野山中者人数众多。三月二十三日，丰臣秀吉来到根来寺，当天夜晚寺内失火，大火三日不灭，除大传法院外其余建筑均被烧毁。三月二十四日，粉河寺等寺院也均失于战火。此后，丰臣秀吉派兵前去攻打畠山贞政的居城岩屋城及其他属城，畠山贞政难以抵挡而选择逃亡，堀内、神保等城的守军也或逃或降，而杂贺三千余众据守太田城拒不投降。太田城地势险要，易守难攻，若强攻必然损失惨重，于是丰臣秀吉引来纪川河河水灌城。与此同时，丰臣秀吉派中村一氏、仙石秀久、九鬼嘉隆率水军从那智[①]海上攻击熊野[②]，熊野山上的本宫[③]、新宫的神官[④]和土民[⑤]纷纷投降。随后，丰臣秀吉下令撤销熊野各个关口。四月一日，丰臣秀吉巡视了诸将军营之后过和歌浦，参拜了玉津岛神社并献咏和歌一首："站

---

① 海边一地区。——译者注
② 熊野当时为佛教圣地，有众多反叛僧人。——译者注
③ 本宫大社，位于熊野山的神社。——译者注
④ 神社中的奉职者。——译者注
⑤ 居住在当地的民众。——译者注

立玉津岛，远眺布引①松，一片郁葱葱。"四月七日，丰臣秀吉从杂贺出发到达粉川，然后派人前往高野山谴责众僧徒。谴责的主要内容有三条，此事在《高野春秋》中有所记载，但具体条目不详，主要谴责众僧徒弄兵、侵占土地、收养浪人等。为此，全山僧徒召开会议商量对策，但毫无结果。一个叫应其的僧人毛遂自荐，想要前去说服丰臣秀吉以保全高野山。受众人委托，应其携带根来寺镇寺之宝、嵯峨天皇的墨宝及空海手印文书②到达丰臣秀吉大营，请求丰臣秀吉饶恕一山僧众。丰臣秀吉同意了应其的请求，但同时要求众僧徒归还所侵占土地，并制定六条事项约束众僧徒，主要内容为：不得越过弘法大师亲自划定的寺界、僧徒要专心研习佛法不得弄兵、不得藏匿护佑谋反之人等，此事被载于《续宝简集》。高野山之所以能够得以保全有赖于应其一人，因此一山僧众对应其极其尊重。应其原为近江国佐佐木一族，佐佐木一族在织田信长平定近江国时被灭，应其也随之逃往大和国，后入高野山为僧。应其原本就为人高洁、才能出众，加之解决了高野山生死存亡的大事，因而人气更加高涨。应其俗称木食上人，其事迹多见于《高野春秋》、新井白石的《高野山事略》等传记中。应其本人受丰臣秀吉优待一事也有资料记载："丰臣秀吉告诫各僧徒称，高野山得以保全全凭木食一人，因而非是高野山之木食，而是木食之高野山。"天正十三年（1585年）四月二十二日，太田城被丰臣秀吉引水所淹，城内守兵无力抵挡而乞降。丰

---

① 布引为地名。——译者注
② 空海以手为印。——译者注

臣秀吉在斩杀各级头领五十余人之后将其余人等全部遣散。四月二十五日，丰臣秀吉凯旋班师，自此纪伊与和泉两国得以平定，此后此两地由丰臣秀长负责管理。丰臣秀吉命丰臣秀长筑城，第二年竣工之后，将此城改叫和歌山城。

当时，根来寺被围攻之后，不少僧徒四散而逃，其中爱染院、根来大膳、永福院、和泉坊等处有十六人逃到了伊势国，随后他们又到达滨松城投靠德川家康。德川家康接纳了他们，但随后又命令他们还俗，并且还给予了一些扶持。此消息传出之后，前后多达几百人纷纷前来投靠德川家康，后来这群人被称为根来组，主要充当杂役等。土桥平之丞、畠山贞政的子孙也都得到了德川家康的扶助，此事在《土桥文书》《宽政重修谱》中有所记载。

第 13 章

征讨四国

德川家康与丰臣秀吉在小牧对阵之时，土佐国的长曾我部元亲在与德川家康遥相呼应的同时，与根来地方武装集团进行商议，准备共同攻打摄津国。其实，长曾我部元亲的本意并非是要声援德川家康，而是要乘德川家康与丰臣秀吉相持之际，将四国收入自己囊中。天正四年（1576年）、天正五年（1577年）长曾我部元亲攻占了阿波国、伊予国两地，天正六年（1578年）又袭击了赞岐国，夺取了其中一部分土地。长曾我部元亲的目的是全部拿下伊予、赞岐两国，然后再一举荡平整个四国。德川家康与丰臣秀吉的对抗使双方无暇他顾，这便成了长曾我部元亲实现其计划的天赐良机。天正十二年（1584年）六月，长曾我部元亲亲自率军攻陷了赞岐国寒川郡的十河城、虎丸城、雨雾城，将赞岐国全部平定。天正十三年（1585年）春，长曾我部元亲又频频征讨并最终平定伊予国。长曾我部元亲利用德川家康与丰臣秀吉之争，按部就班地一步步实现自己一统四国的计划。然而，当德川家康与丰臣秀吉讲和的消息传来之后，长曾我部元亲认为丰臣秀吉必然会起兵征讨四国，于是便在丰臣秀吉征伐纪伊国期间屡屡派人向丰臣秀吉纳礼修好，希望丰臣秀吉不要出兵四国。但是，丰臣秀吉十分痛恨长曾我部元亲的趁火打劫行径，没有同意他的请求。据《长元物语》记载，丰臣秀吉对长曾我部元亲的使者表示，要长曾我部元亲立即归还赞岐、伊予两国，如若不然将派大军征讨四国。按照《南海治乱记》记载，丰臣秀吉要求长曾我部元亲返还阿波、赞岐、伊予三国，作为交换，可以将土佐国授予长曾我部元亲。丰臣秀吉要求长曾我部元亲返还的是三国还是两国，因《长元物语》的成书年代要早于《南海治乱记》，本书倾向于采纳《长元物语》的记述。此后，长曾我部元亲与丰臣秀吉多次讨价还价，只想返还伊予国一国。丰臣秀吉对此表示拒绝，决定兴师征讨，长曾我部元亲也随之做好了应战准备。

由于双方实力悬殊，长曾我部元亲只能专注于防守，并将兵力主要配备到阿波国、赞岐国的各城中。外敌入侵四国第一个受到冲击的就是阿波国，因此长曾我部元亲将其主力部队皆配置于此。板野郡木津、名东郡的一宫与渭山，以及美马郡岩仓与肋名等诸城，主要委派长曾我部元亲一族或其他主要将领把守。长曾我部元亲则将大本营设在三好郡的白地城，并亲自坐镇指挥。据《阿波志》记载，此地是伊予、赞岐两国的重要联系通道，事实上也是四国的中心区域。长曾我部元亲坐镇于此目的明确，就是为了方便指挥。据各种资料显示，长曾我部元亲的策略是：利用此处的险要地势，首先将丰臣秀吉大军引诱至此，然后就地歼灭。长曾我部元亲同时派重兵严密防守伊予、赞岐两国，甚至为了方便与白地城联系，还在赞岐国山田郡植田建造了一座新城池。

丰臣秀吉原本打算在平定纪伊国之后便立即平定四国，但又不得不先去征讨越中国的强敌佐佐成政。其间，丰臣秀吉首先派家弟丰臣秀长为主帅率军南下四国，准备从三面对四国发起攻击。丰臣秀长、丰臣秀次二人让主力部队前往四国东面的阿波国，浮田秀家、蜂须贺家政、黑田孝高等主攻赞岐国，小早川隆景、吉川元春二将朝四国西北方向的伊予国进军。天正十三年（1585年）六月，丰臣秀长从堺①出发，乘船到达淡路国洲本城；三好秀

---

① 地名，今位于大阪市以南。——译者注

夫从播磨国出发，乘船登陆淡路国西海岸的三原郡福良与丰臣秀长会合。之后丰臣秀长率大小船只八百余艘渡过鸣门海峡，登陆阿波国的土佐泊。同时，浮田秀家、蜂须贺家政、黑田孝高等在赞岐国的屋岛，小早川隆景、吉川元春在伊予国的新居郡新间分别登陆。战争同时从三个方向展开，长曾我部元亲因无力防守而陷入困境。从伊予国新间登陆的小早川隆景、吉川元春军上岸后即刻于七月三日攻打驻守该郡的金子元宅的居城，在攻陷该城之后又攻陷了同郡的石川虎千代的居城高峠城，随后越过守兵已经闻讯遁逃的越智郡灵山城及重茂城，直扑同郡的龙冈城，城主龙冈经政强行抵抗未果，龙冈城被攻破。随后小早川隆景、吉川元春又率军抵达宇摩郡佛殿城，该城与阿波国三好郡相邻，距离长曾我部元亲的大本营白地城也很近，因此白地城已尽现征讨军眼前。据记载显示，丰臣秀吉最早的计划是让小早川隆景、吉川元春两军分别从新居、宇摩出发进军白地城，然后与丰臣秀长一起夹击长曾我部元亲。

浮田秀家、黑田孝高等从屋岛登陆之后立即对牟礼高松周边展开攻击，并攻陷了高松左马助的居城喜冈城及香西氏的居城香西城等地，随后又直奔长曾我部元亲的新城植田城。植田城倾注了长曾我部元亲的大量精力，因为植田与白地城之间互为掎角之势，并且频繁地进行相互支援，所以没有被轻易攻破。当时有人向黑田孝高提议：赞岐国暂时不值得用兵，只要将长曾我部元亲的大本营阿波国拿下，则赞岐国不攻自破。黑田孝高采纳了此建议，于是率军进入阿波国与丰臣秀次会合。

丰臣秀长所部登陆阿波国后首先对木津城展开围攻，并诱降

了守将东条关兵卫，然后让其作为内应准备攻击土佐城。东条关兵卫在土佐城等待丰臣秀次大军前来，并且准备接应，但东条关兵卫投降一事被长曾我部元亲知晓，随后长曾我部元亲逼迫东条关兵卫自杀。丰臣秀次率军逐渐攻入阿波国腹地，但由于阿波城是长曾我部元亲倾注心血最多的城池，又得益于与其他城互为掎角相互支援，因而久攻不下。丰臣秀吉闻讯后决定亲征。天正十三年（1585年）七月三日，丰臣秀吉遣先头部队朝淡路方向进发。丰臣秀长得知丰臣秀吉亲征的消息之后，立即派人向丰臣秀吉发誓，称自己定会攻陷阿波城，无须丰臣秀吉劳师动众。七月十五日，丰臣秀次兵分三路，一路朝一宫城方向，一路朝岩仓城方向，另一路则朝海部城方向进发。海部城方面首先被攻陷，其后一宫城、岩仓城也大有将要被攻陷之势，丰臣秀长大军即将压境，白地城也岌岌可危。长曾我部元亲自知无法抵挡，于是派出守将谷忠澄前往议和，请求准许自己留得土佐一国，将其余阿波、赞岐、伊予三国悉数献出。丰臣秀长同意了长曾我部元亲的请求，双方于七月二十五日签署合约，此合约被收录在《长曾我部觉书》中。另据《元亲记》《土佐物语》记载，谷忠澄认为无法守城，于是劝说长曾我部元亲议和。长曾我部元亲怒斥谷忠澄，表示誓死不降。后在其他诸将劝说之下，长曾我部元亲被迫接受了议和的建议。又据《长曾我部觉书》记载，议和之事是谷忠澄一人之愿。这些记载都有有失偏颇之嫌。据丰臣秀长的合约书记载，议和之事是由长曾我部元亲提出，并由谷忠澄负责操办的，因此谷忠澄也仅是一个中间人而已。另据《秀吉事记》记载，长曾我部元亲曾屡次派人向丰臣秀吉求和。由此来看，土佐

的各种资料记载都是在为长曾我部元亲进行粉饰，目的在于彰显其英勇，因此在使用这些资料时要有所判断取舍。丰臣秀长派人向丰臣秀吉报告了议和一事，请其定夺。丰臣秀吉准许了丰臣秀长的做法，将土佐一国许让给了长曾我部元亲，但同时让其提供人质作为担保，于是长曾我部元亲将自己的三子亲忠①作为人质。自此南海平定，丰臣秀吉开始论功行赏——将阿波国被分封给了蜂须贺家政，赞岐国给了仙石秀久，伊予国则被分封给小早川隆景。丰臣秀长于天正十三年（1585年）八月二十三日班师凯旋。

天正十三年十一月，长曾我部元亲按照约定携带次子亲和②到达堺，丰臣秀吉派遣丰臣秀长及藤堂高虎前往迎接，然后共同到达京都拜见丰臣秀吉。长曾我部元亲向丰臣秀吉献上日本刀一把及金币千枚，丰臣秀吉热情款待了长曾我部元亲，并回赠黄金百枚。丰臣秀吉只将亲和作为人质扣留，让原先的人质亲忠与长曾我部元亲共同回到土佐国。

对于不臣服自己的人，丰臣秀吉往往以派大兵征讨的方式迫使其臣服，对于臣服者则会给予其莫大的宽待，从而达到使其心服口服的目的。这是丰臣秀吉驾驭群雄的一大方略，不论是征是抚，必先灭其胆、夺其气，而后设法使其彻底臣服，再无反意。

---

① 津野亲忠。——译者注
② 香川亲和。——译者注

第 14 章

丰臣秀吉与德川家康联合

小牧之战后，丰臣秀吉与德川家康虽然议和，但这并不是二人的本意，只要一方稍有动作，双方关系便会再次走向破裂。当时双方尚无决心再开战端，只是在一味忍让对方，向对方示弱。丰臣秀吉想要征讨佐佐成政，但担心德川家康会暗中援助佐佐成政，于是派织田信雄给德川家康送去一封书信。信中丰臣秀吉要求德川家康在自己平定佐佐成政之前送出一名人质给自己，如果德川家康在背后暗中援助佐佐成政，丰臣秀吉也将不再客气。在此之前，德川家康已经将次子秀康抵押给丰臣秀吉为人质，因而丰臣秀吉手中已经有了足够的筹码，如今又要求德川家康派人前来当人质，目的无非是要试探德川家康的态度。此外，当德川家康与北条氏政讲和之后，双方约定西上野地区归北条氏政所有，而信浓国佐久郡、甲斐国都留郡则归德川家康所有。北条氏政按照约定将佐久、都留二郡交付给了德川家康，但由于当时德川家康与丰臣秀吉尚在小牧对阵，因而德川家康尚未将西上野地区交付给北条氏政。当德川家康与丰臣秀吉议和成功之后，德川家康准备履约之时，德川家康下令让同时领有西上野的沼田的信浓国上田城城主真田昌幸将沼田交付给北条氏政。真田昌幸不同意，并向丰臣秀吉通报了此事，表示愿为丰臣秀吉效命。丰臣秀吉随即应允，并向真田昌幸做出书面保证，保证真田昌幸继续领有沼田，随后派上杉景胜支援真田昌幸。其后，德川家康发兵攻打上田城，北条氏政也同时加入了行动予以配合。再有，小牧之战第二年，即天正十三年（1585年）的十一月十三日，德川家康的老臣石川数正出逃，到大阪城投奔丰臣秀吉。之后，信浓国的小笠原贞庆也通过石川数正向丰臣秀吉及上杉景胜通好。要求德川家

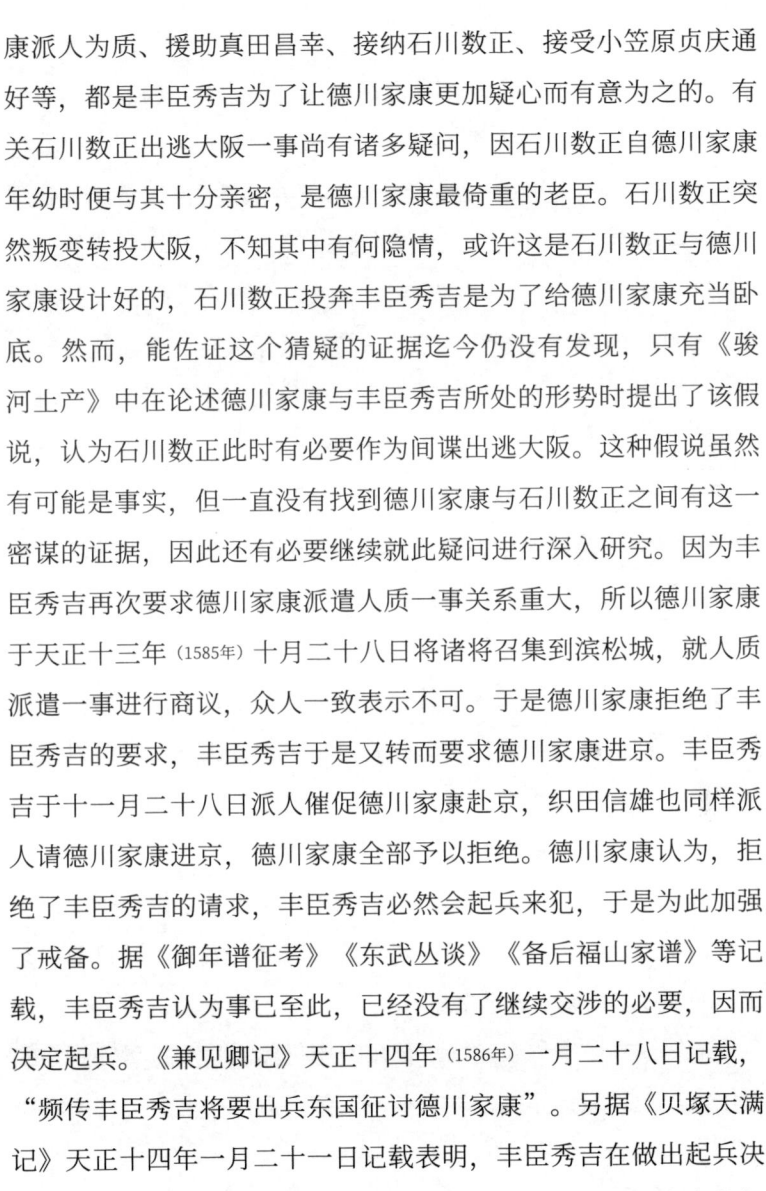

康派人为质、援助真田昌幸、接纳石川数正、接受小笠原贞庆通好等，都是丰臣秀吉为了让德川家康更加疑心而有意为之的。有关石川数正出逃大阪一事尚有诸多疑问，因石川数正自德川家康年幼时便与其十分亲密，是德川家康最倚重的老臣。石川数正突然叛变转投大阪，不知其中有何隐情，或许这是石川数正与德川家康设计好的，石川数正投奔丰臣秀吉是为了给德川家康充当卧底。然而，能佐证这个猜疑的证据迄今仍没有发现，只有《骏河土产》中在论述德川家康与丰臣秀吉所处的形势时提出了该假说，认为石川数正此时有必要作为间谍出逃大阪。这种假说虽然有可能是事实，但一直没有找到德川家康与石川数正之间有这一密谋的证据，因此还有必要继续就此疑问进行深入研究。因为丰臣秀吉再次要求德川家康派遣人质一事关系重大，所以德川家康于天正十三年（1585年）十月二十八日将诸将召集到滨松城，就人质派遣一事进行商议，众人一致表示不可。于是德川家康拒绝了丰臣秀吉的要求，丰臣秀吉于是又转而要求德川家康进京。丰臣秀吉于十一月二十八日派人催促德川家康赴京，织田信雄也同样派人请德川家康进京，德川家康全部予以拒绝。德川家康认为，拒绝了丰臣秀吉的请求，丰臣秀吉必然会起兵来犯，于是为此加强了戒备。据《御年谱征考》《东武丛谈》《备后福山家谱》等记载，丰臣秀吉认为事已至此，已经没有了继续交涉的必要，因而决定起兵。《兼见卿记》天正十四年（1586年）一月二十八日记载，"频传丰臣秀吉将要出兵东国征讨德川家康"。另据《贝塚天满记》天正十四年一月二十一日记载表明，丰臣秀吉在做出起兵决定的同时，派遣织田信雄前往三河国从中调停，结果双方竟然相

互妥协。此后织田信雄便屡次承担了调解双方的大任，并且屡屡成功。如此看来，双方均不想因战败而丧失颜面，因而都不想主动引发战争。丰臣秀吉想要进一步与德川家康修好，于是打算将自己的妹妹嫁与德川家康为妻。当时其妹旭姬[①]已经嫁给尾张国的副田吉成为妻，丰臣秀吉强行让两人离婚后，将她转嫁给德川家康。天正十四年（1586年）四月，丰臣秀吉派遣浅野长政到达滨松城与德川家康订立婚约，德川家康随后派天野康景前往迎娶丰臣秀吉的妹妹。由于丰臣秀吉并不知晓德川家康手下有天野康景其人，误认为其是无名之辈，因而对德川家康非常不满，责怪德川家康为什么不派遣酒井忠次、榊原康政、本多忠胜等要人前来迎娶。织田信雄立即派人给德川家康送信，劝其赶紧派遣地位相当的人物前来迎娶。德川家康大怒，表示要拒绝这门亲事。双方互不相让，表面上的和睦都一度无法维持，眼看双方关系就要走向破裂边缘。为此，织田信雄屡次派人前往劝说德川家康。德川家康看在织田信雄的面子上勉强答应了丰臣秀吉的要求，改派本多忠胜前往。丰臣秀吉大喜，对本多忠胜进行高规格的接待。随后，丰臣秀吉派遣浅野长政、富田知信等人陪伴旭姬出嫁，其行装之华丽让人瞠目结舌。德川家康派松平家忠将旭姬先行迎接至池鲤府，然后一行又于五月十日到达冈崎城，五月十四日德川家康与旭姬在滨松城完成婚仪。

虽然双方已经和亲完毕，德川家康仍然派兵攻打真田昌幸的上田城，但因城池坚固而一直久攻不陷。五月十七日，德川家康

[①] 与丰臣秀吉同母异父，名旭姬或朝日姬。——译者注

从滨松城出发到达骏府城,随后进军甲斐国。北条氏政也出兵支援德川家康,表示定要拿下上田城。丰臣秀吉闻讯便派人前往德川家康处,请求德川家康饶恕真田昌幸,德川家康同意了丰臣秀吉的请求之后退兵。双方此时虽然已经完成通婚,但德川家康仍然执意攻打真田昌幸,其目的便是为了向丰臣秀吉表明自己的强硬态度。丰臣秀吉请求德川家康宽恕真田昌幸,这的确也是丰臣秀吉对德川家康的退让。丰臣秀吉此时又想方设法加强与德川家康的关系,于是向德川家康提出建议,认为双方既然已经结为亲家,德川家康应该进京进行双方会面方才合乎礼法,因此屡次派人催促德川家康进京。德川家康怀疑丰臣秀吉目的不纯,因而没有轻易答应,但丰臣秀吉偏偏一直抓住此事不放,不断催促其进京。天正十四年(1586年)九月,丰臣秀吉派人到达滨松城,表示如果德川家康同意进京,愿将自己的母亲大政所①抵押给德川家康为人质。事已至此,德川家康也只能被迫同意进京。临行之前,德川家康召集部下召开会议商量对策,酒井忠次等人力劝德川家康不要进京,但德川家康最终决定进京。十月四日,丰臣秀吉奏请朝廷任命德川家康为权中纳言②,以此来表示对德川家康的隆重欢迎。十月十四日,德川家康从滨松城启程赴京。大政所也以想念女儿为由出京,被德川家康迎入冈崎城,从而成为人质。德川家康在冈崎城与大政所会面之后,十月二十日从冈崎城出发,并于十月二十四日抵达京都。随后,德川家康又于十月二十六日进入

---

① 本是专门尊称现任关白母亲的,后来特指丰臣秀吉的母亲。——译者注
② 官职名。——译者注

大阪城,住进了丰臣秀吉的宅邸。丰臣秀吉于当夜拜访了德川家康,按照《家忠日记》记载:"是夜,丰臣秀吉迫不及待拜访了德川家康,丰臣秀吉执德川家康之手,将其让入上座。"热情招待是丰臣秀吉的惯用伎俩。十月二十七日,德川家康登上大阪城并送给丰臣秀吉一份大礼,丰臣秀吉则设宴款待德川家康。十月三十日,二人一起进京。丰臣秀吉派藤堂高虎为监工,在聚乐第为德川家康修筑一处府邸。十一月五日,德川家康拜受正三位①。至此,两大枭雄在历经众多风雨波澜之后,再次握手言和。

丰臣秀吉为笼络德川家康可谓用心良苦,上述一系列操作的目的是让世人认为天下均已归顺自己。然而,德川家康此时也在不断地积蓄力量,以待他日取代丰臣秀吉。丰臣秀吉之所以迫切地想与德川家康握手言和,是因为如果迁延时日,列国形势有可能会发生不利于自己的变化,而且丰臣秀吉当时正计划征讨九州,因此需要与德川家康握手言和以稳定后方。双方言和之后,丰臣秀吉于天正十四年(1586年)十二月正式下令征讨九州。

---

① 官衔。——译者注

第 15 章

征讨九州

第1节 九州的形势

天正十年（1582年）以前的九州形势在前面已经有所简述，下面将就天正十一年（1583年）之后的九州形势进行综述，并按照需要对之前的形势一并进行描述。

天正六年（1578年）在日向耳川打败大友宗麟之后，兵力日盛的岛津义久此后先后吞并肥前、肥后两国，大有要将大友宗麟一举吞并之势。当时，肥前国须古城的城主龙造寺隆信的势头正旺，从地理位置上看，龙造寺隆信处于大友宗麟与岛津义久之间，独成一体且兵强马壮，部分据有肥①、筑②两地。肥、筑两地被大友宗麟、岛津义久与龙造寺隆信三股势力一分为三，各占其一，且这三股势力之间一直处于朝和夕离的状态。三方之中，岛津义久一方势力最强大，因而不断有人向岛津义久示好想要投靠。天正十一年三月，筑前国古所城城主秋月种实派人前往鹿儿岛面见岛津义久，替龙造寺隆信向岛津义久讲和。岛津义久答复称，如果龙造寺隆信愿意举国投靠的话，则准许其讲和请求。天正十一年九月，龙造寺隆信再次派人向岛津义久提议，如果双方讲和合力对付大友宗麟的话，则能轻而易举灭掉大友宗麟；灭掉大友宗麟后，在保持自己现有领地范围不变的情况之下，他愿意将其余地方全部让给岛津义久。对于岛津义久一方而言，此条件极其具有吸引力，因此准许了龙造寺隆信的讲和提议，于是二人讲和

---

① 肥前国、肥厚国的统称。——译者注
② 筑前国、筑后国的统称。——译者注

成功。这当然不是龙造寺隆信的本意,是秋月种实当时受岛津义久、大友宗麟两方势力所压迫,苦于无力支撑,才想要通过龙造寺隆信蒙蔽岛津义久,以求自保。不久之后,龙造寺隆信想要起兵征讨并兼并肥前国高来郡领主有马晴信。天正十二年(1584年)三月,龙造寺隆信亲自带兵一万入侵高来郡。此时的有马晴信已经投靠岛津义久,因而急忙派人向岛津义久求救。岛津义久对龙造寺隆信的背信之举十分气愤,于是派四弟岛津家久为将前往救援,自己则和三弟岛津岁久进入肥后国的佐敷城列阵,随后二弟岛津义弘前来会合。当时岛津家久的军队已经到达出水,相良、天草、志岐、神津浦、巢本等城池或地方也纷纷派人前来支援岛津一方。随后岛津家久从出水郡米津城出发,乘船从海路登陆有江,然后经深江、安德到达岛原城,有马晴信随后前来拜会。岛津家久军阵地的东部为大海,西北部为高山,并在森岳构筑了大本营。龙造寺隆信计划在一举歼灭岛津家久部后,趁势攻入萨摩国。为此,龙造寺隆信与其子龙造寺政家共同率大军乘船从须古出发,于高来郡神代登陆,在留下一支军队防备岛原城方向上敌军的同时,打算从肥后国登陆,然后攻击岛津义久设在佐敷城的大本营。然而,当时在地上发现了很多死蛇,龙造寺隆信认为此为不祥之兆,于是停止向佐敷城进发。据《上井日记》记载,龙造寺隆信随后全力向位于森岳的岛津家久的大本营进发,随后双方展开大战。激战于天正十二年三月二十四日展开,龙造寺隆信战死,其麾下诸将三十余人也纷纷战死,龙造寺政家闻讯后与锅岛直茂一起从三会乘船退回佐贺城。岛津义久随后携带龙造寺隆信的首级向佐敷城内报捷。年纪轻轻的龙造寺政家在逃回佐贺城

后立即继任了家督①一职，但此时的龙造寺一族已经人心惶惶，不知如何应对这一困局。当时，智勇双全之士唯有锅岛直茂，因而龙造寺一族只得仰仗锅岛直茂，让其负责处理善后一事。以龙造寺政家为首的龙造寺一族向锅岛直茂书写了一封委托保证书，将善后之事全权交由锅岛直茂负责。当锅岛直茂开始正式代替龙造寺一族执掌军国大事之后，便下令要求其余诸将也向其出具誓约书。此间早有传言，称锅岛直茂一直有不二之心，想要自立，随着锅岛直茂势力的日盛，龙造寺一族的实权最终落入他之手。不过，龙造寺一族免于灭亡也全赖锅岛直茂之功。后来锅岛直茂最终取代龙造寺一族，这便是起源。

岛津义久大获全胜之后，其兵威日盛，整个九州为之震荡，九州各豪门大族争相与岛津氏族通好。大友宗麟表面上派人前来贺喜，但其内心应该是充满恐惧的。为了自保，大友宗麟、龙造寺氏一族派人前往大阪，请求丰臣秀吉前来征讨九州。

第2节　大友宗麟侵略筑前、筑后二国

天正十一年（1583年）四月，大友宗麟派遣部将户次鉴连②、高桥镇种率军进入筑前国，在攻陷了宗像氏的许斐城后，又攻陷了杉氏的居城龙德城。在听到龙造寺隆信战死的消息之后，大友宗麟随即派遣部将志贺亲次为主将，攻打筑后国的猫尾及高牟礼二

---

① 指日本在传统父权制度下，家族权力最大的领导者。——译者注

② 户次鉴连，又名立花道雪，日本战国至安土桃山时代的武将。——译者注

城。龙造寺氏派兵前来支援，秋月种实则乘户次鉴连、高桥镇种人在筑后国之机，攻打户次鉴连的居城筑前国立花城。由于猫尾城一时难以攻陷，户次鉴连、高桥镇种二人前来助攻。当时，高良山的住持背叛龙造寺氏转投大友宗麟一方，因而猫尾城无法继续支撑，城主黑木实久于天正十一年（1583年）九月一日献城乞降。随后，户次鉴连、高桥镇种乘势攻陷筑后国的山下城，此后又进入山川郡，平定了濑高、鹰尾等城。之后二人据守高良山，并先后攻下了附近隶属于龙造寺氏的诸城，随后一直在此据守至天正十三年（1585年）九月，同月十一日户次鉴连病逝于阵中。户次鉴连与高桥镇种是大友宗麟的左膀右臂，在元龟①、天正②年间面对龙造寺氏与岛津氏两大强敌，大友氏能处狂澜而不倒，其中二人居功甚伟。根据户次鉴连给大友宗麟手下宿老③的书信显示，户次鉴连敢于直陈大友宗麟及其他宿老的过失而全无忌惮，足见其为人之正直与真诚。据《历代镇西志》所载，敢于匡正大友宗麟失政者唯有道雪④。书中同时指出，大友氏一族开始没落的源头便是户次鉴连之死。户次鉴连死后，高桥镇种独自镇守高良山。听到秋月种实及筑紫氏攻打筑前国的主城宝满城的消息之后，高桥镇种决定回兵救援。没有了高桥镇种和坐镇指挥的高良山驻防部队在龙造寺氏的攻击之下溃不成军，高良山随即被占领。后来，龙造寺氏能够以高良山为据点与大友宗麟一方对抗，全赖锅岛直茂之

---

① 元龟：1570—1573年。——译者注
② 天正：1573—1593年。——译者注
③ 对老臣和家老等有着重要地位的人的称呼。——译者注
④ 指户次鉴连。——译者注

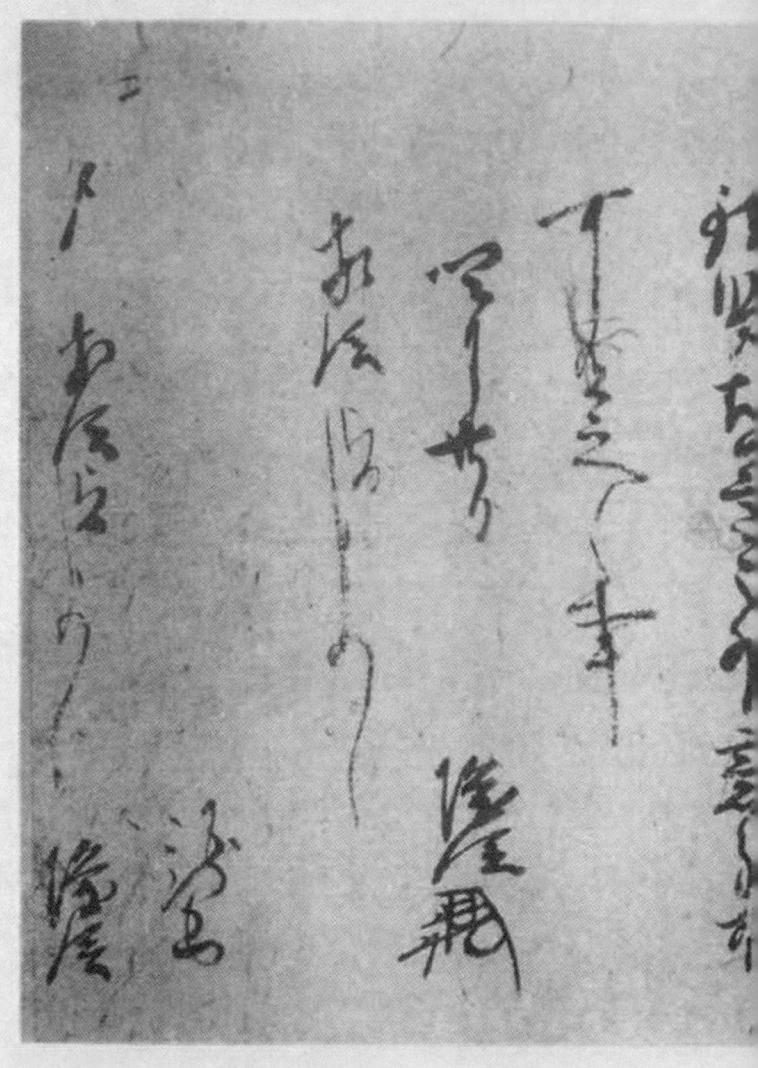

龙造寺隆信笔迹，侯爵锅岛直映氏收藏

龙造寺隆信在攻略了肥前、肥后两国的大部分地区之后，与肥前有马的有马晴信之间剑拔弩张。有马晴信自知难以抵抗，于是向岛津义弘求援。陷入困境的龙造寺隆信决意死战，于是书写了此遗嘱给养子家信（后藤家信，实际上是龙造寺隆信的亲生儿子）。遗嘱中，龙造寺隆信交代了自己死后需要处理的一些事情

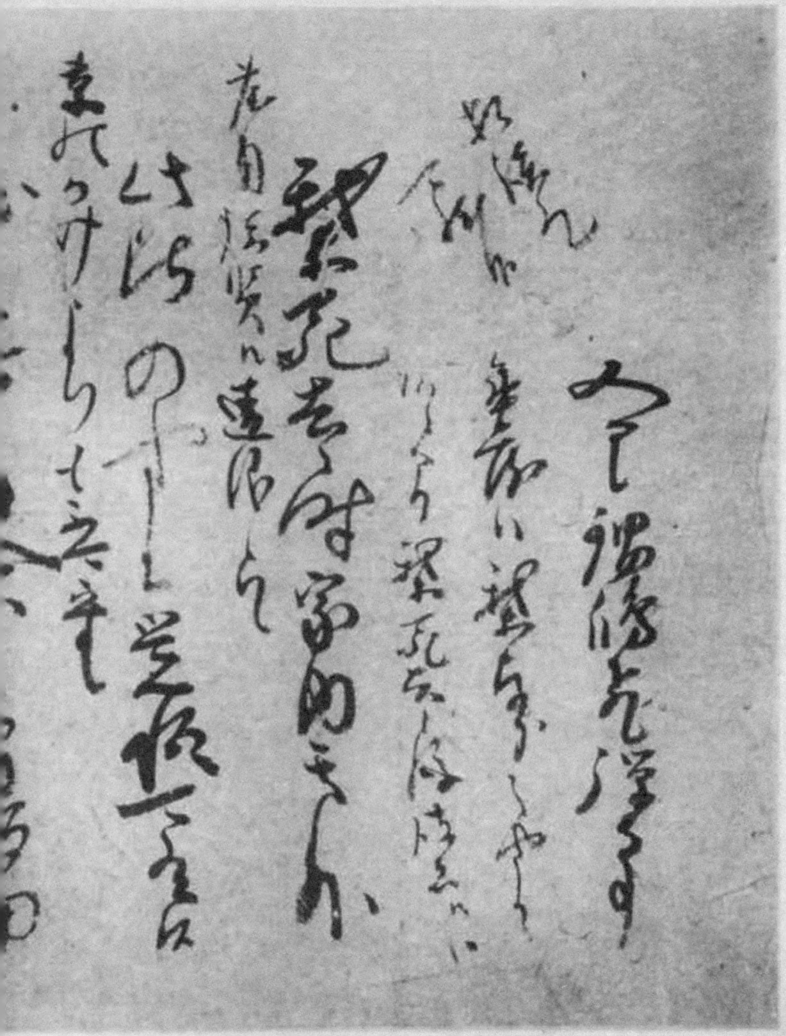

いて弥陀をたのみ
まいらせ
そうらへハ
なにこゝろ
なく
いまハの
ときをむかへ
候へハ
来迎たのむこゝ
ろのなきひと
ハ宗門をさり
候ひて
よそにうか
ゝひ候へ

功。自此之后,大友宗麟一方开始兵威不振,直至被岛津义久一方所征服。由此可见,户次鉴连之死的确关乎大友氏一族的生死存亡。

第3节 岛津义久征服大友氏

天正十二年(1584年)三月,岛津义久在平定龙造寺氏势力之后,又将肥前国高来郡内所有不服者全部荡平,然后在有马晴信的请求下,在岛原与三会两所城池留下兵力防守之后班师凯旋,返回鹿儿岛。彦山座主①舜有、秋月种实等人纷纷替龙造寺政家向岛津义久求和,龙造寺政家也通过秋月种实向岛津义久呈交了保证书。岛津义久对此不予理会,认为龙造寺隆信已死,此时正是歼灭龙造寺氏的良机,执意要再次攻打龙造寺氏。天正十二年九月八日,岛津义久派遣岛津义弘率军赶赴肥后国八代城。当时大友宗麟也乘龙造寺氏失败之机攻陷了筑后国多座城池,龙造寺氏腹背受敌,形势极其严峻,因而频频向岛津义弘求和。经多方交涉,龙造寺氏答应将筑后国让于岛津义弘后,岛津义弘才同意了龙造寺氏的讲和请求,此时为九月二十一日。同时,大友宗麟的部将户次鉴连派人怂恿岛津义弘,要与其一起夹击龙造寺氏,岛津义弘以已与龙造寺氏讲和为由表示拒绝。再看龙造寺氏,他们也派人表示要与岛津义弘合作,一起攻打大友宗麟。为了与大友宗麟一方维持表面上的和平,岛津义弘对此提议也予以拒绝。

---

① 在日本,指大寺之主管,通常皆由政府任命。——译者注

岛津义弘派人前往户次鉴连军中，表示自己准备撤出与龙造寺氏一方的战斗，希望户次鉴连也一起撤兵。岛津义弘于十月十九日先行从高濑撤兵，但大友宗麟一方仍然占据高良山拒不撤兵。岛津义久麾下诸将大怒，商议要攻打大友宗麟。至天正十三年（1585年），大友宗麟一方不仅仍未撤军，甚至还继续加紧备战，准备攻打龙造寺氏。岛津义久为此做了相应部署，于四月派岛津义弘进驻八代城，统领丰①、肥、筑六国之兵。八月，肥后国阿苏氏的部下甲斐氏暗通大友宗麟，攻陷了岛津义久的花山城。岛津义弘闻讯立刻派兵前往收复花山城，同时还攻陷了大友宗麟的甲佐、志坚田两地的几座城池。随后，阿苏氏率先向岛津义久投降，周边各氏族也陆续向岛津义久投降，至此整个肥后国皆臣服于岛津义久。九月，岛津义弘率军进入筑后国，与大友宗麟之间的战斗一触即发。战斗打响后，恰巧户次鉴连病死于高良山军中，大友宗麟军因此而溃败，筑后国也被岛津义久一举收入囊中。岛津义久的势力由此变得更加强大，他想趁热打铁，攻击大友宗麟的大本营。正在此时，丰臣秀吉传命岛津义久，让其与大友宗麟议和，岛津义久拒绝从命。岛津义久认为丰臣秀吉必然会前来讨伐，于是做好了迎战的准备。他先让各部将及筑、肥各地守将提交誓约书以示忠心，同时派人前往大阪，请求丰臣秀吉将西海九国②划归自己，以此来试探丰臣秀吉，看他态度如何。天正十四年（1586年）一月，丰臣秀吉再次派人要求岛津义久与大友宗麟议和，岛津

---

① 丰前、丰后两国。——译者注
② 位于今九州岛的当时九国。——译者注

义久不仅依旧不从,还于一月二十二日召集诸将,议定了进攻大友宗麟的作战计划。六月,岛津义久亲自率军进入八代城,准备攻打大友宗麟的属下筑紫广门。岛津义久依旧首先派兵占领高良山,然后命令岛津忠长等人攻打筑紫广门的领地肥前国基肆郡,进而攻击筑紫广门所在的胜尾城。七月,筑紫广门出城投降,岛津忠长等人随后进入筑前国,将高桥绍运围困于岩屋城。高桥绍运在向丰臣秀吉告急的同时加强防守,他虽苦战不止,但终因实力不济而被破城,高桥绍运战死,其属城宝满城陷落。岛津军继续向前推进,并迫近立花城。立花城城主立花统虎[①]防守得法,立花城因而未被攻陷。在听到丰臣秀吉将要西征九州的消息之后,岛津义久传令各将退回八代城。立花统虎乘岛津军撤退之际夺回岩屋、宝满二城,为此丰臣秀吉特意发嘉奖令表彰了立花统虎。九月十二日,丰臣秀吉命令仙石秀久督军长曾我部元亲所部赶赴丰后国,支援大友宗麟征讨岛津义久。为此,岛津义久在加强对大友宗麟攻势的同时,准备迎战丰臣秀吉大军。十月十八日,岛津义久兵分两路,由岛津义弘率领三万零七百人从肥后口出发,岛津家久率军从日向口[②]进军。岛津义久从日向口出发后列阵臼杵郡盐见,随后越过丰后、日向两国的分界线梓山,进入丰后国大野郡并攻陷多座城池。随后,岛津义久大军进入海部郡,岛津家久派人前往劝降切畑城城主佐伯惟定,佐伯惟定斩杀来使拒不

---

① 即立花宗茂,日本战国时代至安土桃山时代武将,江户初期大名,立花道雪的养子。——译者注
② 在日语中,"口"有"边境"之意。"肥后口"即肥后国的边境,"日向口"即日向国的边境。——译者注

投降。岛津家久随即率军攻打佐伯惟定，但在佐伯惟定坚决的防守之下未能攻破城池。十二月，岛津家久挥军进入大分郡，列阵野津院细江，又派人前往诱降鹤城城主利光宗匡，利光宗匡同样表示拒绝。当时岛津义久害怕在攻打鹤城之际，有援兵从丰后国臼杵前来救援，于是先派新纳忠元向臼杵城方向进发进行阻挡，随后岛津义久亲自督军攻打鹤城。利光宗匡战死，但其余部继续抵抗，力保城池不失。仙石秀久与长曾我部元亲此时已经到达府内城，当闻听鹤城告急的消息之后便急忙前去救援。二人在渡过户次川之后开始与岛津家久所部发生战斗，此时为十二月二十五日。岛津家久向一万八千名将士发出号令，要求众将士浴血奋战。岛津义久军猛战不止，大破敌军，仙石秀久败逃，长曾我部信亲死战不退最终战死，随后鹤城陷落。大友义统惊恐万分，舍弃府内城逃往丰前国龙王城，岛津家久随即进入府内城。大友宗麟此时位于臼杵，听到新纳忠元率军前来攻打的消息后，他便慌忙带领基督徒们逃遁而去。臼杵城守军防守不利，臼杵城被破，随后守军朝府内城方向逃去，但岛津家久所部此时已经进入府内城。从肥后口进军的岛津义弘在大友宗麟的原部下入田宗和、志贺道益的引领下，从肥后国阿苏郡进入丰后国直入郡，随后开始攻打高城。高城陷落后其余诸城纷纷望风而降，唯有冈城城主志贺亲次固守不降，且防守有方。原本岛津军一进入丰后国后，便有不少大友宗麟的部将望风而降，在日向国方面只有立光宗匡防守成功。针对岛津义弘所部的进攻，也只有志贺亲次防守成功，才不致让大友宗麟颜面尽失。大友氏一族原本领地广阔、兵多将广，但是如同户次鉴连在谏言书中所言，当时大友宗麟部队的军

心已经十分涣散，究其原因，皆因大友宗麟偏信基督教而破坏了家训，并且又多任用奸佞之人所致。天正十四年（1586年）十二月二十二日岛津义弘进入直入郡朽网乡志贺道益的居城白仁城，听到府内城被攻破的消息之后，岛津义弘便想前往府内城与岛津家久会合。正在此时，秋月种实派人前来劝说岛津义弘趁机夺取玖珠郡，岛津义弘听从了该建议，挥军前往玖珠郡。岛津义弘在玖珠郡野上列阵，玖珠郡守兵闻讯纷纷投降。

天正十五年（1587年）三月一日，丰臣秀吉对仙石秀久、长曾我部信亲的失败极其不满，于是决定亲征。三月十五日，丰臣秀吉到达安艺国时，其先头部队已经到达丰前国龙王城。当时岛津义弘正列阵于野上，两军近在咫尺。岛津义弘将部队一分为二，让其中一部从肥后国撤退，自己则率另一部准备退入府内城，但此时为时已晚。丰臣秀吉的先头部队在黑田孝高的率领下对岛津义弘展开追击，岛津义弘且战且退，最终冒死退回府内城。岛津义弘自知难以抵挡丰臣秀吉大军，因而乘风雨大作之际逃出府内城。在此之前，岛津家久已经从府内城撤退至松尾城，岛津义弘随即前往松尾城与之会合，之后下令将诸城守军全部撤回日向国。岛津家久驻防佐土原城，岛津义弘进入高城，岛津义久则在日向国都于郡列阵，三人互为犄角，以逸待劳坐等丰臣秀吉前来征讨。

第4节　丰臣秀吉出征

天正十二年（1584年）三月，岛津义久在击败龙造寺氏后，大友

宗麟及龙造寺氏立即先后派人向丰臣秀吉求援，但由于当时丰臣秀吉正与德川家康在小牧对阵，因此无暇出征九州。不久之后，丰臣秀吉与德川家康讲和，之后他便于天正十三年（1585年）又连续征讨了北国、纪州及四国，因而更加无暇顾及九州。在七月平定四国之后，丰臣秀吉开始着手准备出征九州事宜。十月二日，丰臣秀吉派人给岛津义久送去一封书信，命其与大友宗麟讲和，这是丰臣秀吉着手介入九州事务的第一步。信中写道："现传达天皇[①]旨意。天皇有命，不仅关东，奥州[②]各地皆须安平。今九州仍战火不断，无法坐视。天皇之意，意在敌我双方速速停战，如违背皇意，后果自负。何去何从速速回信。"随后，丰臣秀吉又暗地里派遣细川玄旨[③]、千宗易[④]给岛津义久的部下伊集院忠栋送去书信，信中写道："近年来，丰臣秀吉关白殿下屡次镇压京城及各地叛乱，深得天皇信赖，诸多大事均托付于殿下，尔等须遵从其命。九州之乱亦须遵从天皇旨意进行平息，各国边境将在审议之后划定。如若违命，则必会被征讨，请好自为之。"丰臣秀吉之所以派二人前往，是因为伊集院忠栋在和歌领域是细川玄旨的门生，在茶道领域则是千宗易的弟子，因而丰臣秀吉想通过细川玄旨来打探岛津氏的内情。岛津义久极其蔑视丰臣秀吉，既不同意丰臣秀吉的要求也不向其回信。然而，既然是来自代表朝廷的关白丰臣秀吉的命令，岛津义久又不能完全无视。于是在天

---

① 正亲町天皇。——译者注
② 陆奥国别称。——译者注
③ 即细川藤孝，日本战国时期武将和歌人，号幽斋、玄旨，通称兵部大辅。——译者注
④ 千利休。——译者注

正十四年（1586年）正月，岛津义久就如何给丰臣秀吉复信一事召开会议，众人纷纷表示："世人皆言，丰臣秀吉既无家境出身也缺少仁义道德，而岛津氏族自源赖朝以来一直是名门望族，却要将丰臣秀吉尊为关白向其复命，着实可笑。将其任命为关白是朝廷失察，因而无回复之必要，只需向细川玄旨回信即可。"于是，岛津义久向细川玄旨修书一封，表示如果是圣旨则必然要恭敬回复，且九州战事非他单方面引发，只是对大友宗麟的侵略行为做出的被迫反应而已，因此不能将责任归咎于他。会议及书信内容被记录于《上井日记》。岛津义久派镰田刑部左卫门①拿着这封书信前往大阪拜见丰臣秀吉。丰臣秀吉对镰田政广表示，岛津一族占有九州之地过半，应将其中肥后、丰前两国的一半及筑后国让于大友宗麟，并将肥前国让于毛利辉元，同时将筑前国设为朝廷的直辖之地，其余部分可全部归岛津义久所有，并要求岛津义久最晚于当年（1586年）七月进行回复。丰臣秀吉在文书中没有言及龙造寺氏一方，这是因为当时龙造寺氏与岛津义久处于同一战线，尚未归顺丰臣秀吉。丰臣秀吉赠予了镰田政广巨额路费，又亲自带领其参观了大阪城天主阁，并请镰田政广在天主阁用茶，之后又带其参观仓库并进行说明。六月，镰田政广回国复命，岛津义久没有同意丰臣秀吉分割自己领土的要求，继续准备出兵征讨大友宗麟。六月十三日，岛津义久亲自率军征讨筑前国筑紫广门。在岛津义久到达岩屋城后，筑紫广门立即向丰臣秀吉告急。当时丰臣秀吉正与德川家康议和，因而无法脱身前往九州。

---

① 镰田政广。——译者注

及至八月，丰臣秀吉方才派黑田孝高督军毛利辉元的军队前往丰前国，随后又派遣吉川元春、小早川隆景前往与黑田孝高会合。九月，丰臣秀吉又将仙石秀久、长曾我部信亲派往丰后国，为大友宗麟壮威。从丰臣秀吉的一系列安排来看，丰臣秀吉的战略意图是从丰前国、丰后国两方面对岛津义久进行压制。九月二十七日，岛津义久再次派人给丰臣秀吉送信，信中表示，此前所派之人由于年轻经验不足而未能完成使命，原本打算立即再次派人前往，但由于肥后国的军事问题而迁延了时日，他打算按照丰臣秀吉的要求停止攻伐他国。丰臣秀吉本来给岛津义久设定的回复期限是七月，岛津义久这时才派人给丰臣秀吉送信的目的在于：其一是为了打探丰臣秀吉的意图，其二是也是为了试探朝廷方面的虚实。事到如今，丰臣秀吉自然不想再姑息岛津义久，于是下令黑田孝高、毛利辉元二人前往攻打丰前国。十月四日，毛利辉元首先对小仓城与香春岳城发动攻击。当时龙造寺氏与岛津义久尚处于互相协助状态，但当看到丰臣秀吉大军压境之后，龙造寺氏随即向丰臣秀吉派出人质，以此表示要与岛津义久断绝关系。对于丰臣秀吉而言，这无疑是得到了一个强援。据《黑田文书》记载："龙造寺氏加入了丰臣秀吉阵营后，岛津义久向丰后国方向进军，这无疑是自取灭亡。"十月十四日，丰臣秀吉又派遣小西行长支援黑田孝高、小早川隆景二人，当时岛津义久军已经大举进入丰后国。十月十五日，黑田孝高、小早川隆景军攻陷丰前国障子岳城，同时吉川元春病逝于当日的小仓城攻城战中。十一月二十日，丰臣秀吉又派遣蜂须贺家政、胁坂安治、加藤清正等诸将进入丰前国。十二月一日，丰臣秀吉下令在畿内、北陆、东

山、东海等地方的三十七国大举征兵，准备于翌年(1587年)二月齐聚大阪。

天正十五年(1587年)一月，丰臣秀吉在大阪城接受了诸将的参贺，同时做好了征讨九州的部署。丰臣秀吉将大军分为七路：浮田秀家为第一路，限以一月二十五日为期出发；宫部继润、南条元续、龟井兹矩为第二路，长冈忠兴①、高山长房、中川秀政为第三路，丰臣秀长、筒井定次为第四路，丰臣秀胜、丹羽长重、生驹亲正为第五路，前田利长、长谷川秀一、堀秀政等为第六路，蒲生氏乡、池田辉政、九鬼嘉隆为第七路，上述诸军于第一路军开拔的第三天后出发。丰臣秀吉率领佐佐成政、浅野长政等随后几天出发，由前田利家辅佐丰臣秀次留守京都。丰臣大军有十万之众，阵容蔚为壮观。正亲町天皇所派的敕使，以及其他亲王、公卿等纷纷前来送行，丰臣秀吉下马拜见敕使后出发。出发之前，丰臣秀吉已经先行派遣一色昭秀、僧人兴山上人②为使，谕示岛津义弘前来讲和。当得知丰臣秀吉出兵的消息后，岛津义弘便早早退出丰后国府内城，同时也拒绝了丰臣秀吉的要求。关于丰臣秀吉大军到达萨摩的行军路线，以及在九州与岛津氏之间的战斗经过在此不再一一赘述。简言之，一日行军五六里，有时会在某地停留数日进行休整。丰臣秀吉曾在严岛举行和歌会，众将皆作和歌助兴，丰臣秀吉也作和歌一首：

---

① 细川忠兴。——译者注
② 僧人木食应其被尊称为"木食兴山应其上人"。——译者注

严岛之美远胜听闻,愿天皇上人共享如此美景。

由此来看,不论是征讨九州还是关东,丰臣秀吉都胸有成竹,因此其行军打仗与游览观光无异。比如,丰臣秀吉征讨关东,名义上是征讨,实际上却被人称为关东游览。丰臣秀吉在行军途中不是欣赏风景便是召开和歌会,优哉游哉至三月二十五日方才到达赤间关。此时,丰臣秀长等人已经平定了丰后国,岛津家久退往日向国方向。丰臣秀吉随后重新进行了军事部署,欲水陆并进攻击萨摩国。当丰臣秀吉甫一到达筑前国,秋月种实便向丰臣秀吉投降,此事在整个九州引起巨大震荡。四月三日,丰臣秀吉上书朝廷,述表了征讨九州的进程。四月六日,丰臣秀长进入日向国,并建造营地五十一处,将岛津家久所在的高城团团围住;同时,宫部继润所部屯兵于根白坂,以防备岛津义久来援。四月十七日,岛津义久为救援高城果然率大军前来袭击根白坂,经过一番苦战,宫部继润等人击退岛津义久。四月十九日,丰臣秀吉来到八代城,派遣松浦镇信率兵乘船前往攻击萨摩国。在历经根白坂之败后,岛津义久一方士气大落,僧人兴山上人、一色昭秀二人随即继续趁机规劝岛津义久与丰臣秀吉议和。岛津义久自知难以获胜,于是派出人质,向丰臣秀长乞降,随即打开高城投降。丰臣秀吉按照计划继续进军萨摩国,于五月一日列阵阿久根。岛津义久召开会议,商量是和是战,主战主和者皆有之,一时难以统一意见。随着丰臣秀吉大军的迫近,岛津义久决定退回鹿儿岛城。五月四日,丰臣秀吉将大本营设到太平寺。岛津义久派遣使者来到太平寺向丰臣秀吉乞降,丰臣秀长也请求丰臣秀吉

同意岛津义久的乞降请求。丰臣秀吉表示,岛津家族为源赖朝以来的名门望族,不忍将其灭族,于是同意了岛津义久的投降请求。五月六日,岛津义久剃去头发,仅在数人的陪同之下赶赴太平寺。据说由于中途护送士卒纷纷逃跑,以至于无人抬轿。五月八日,岛津义久谒见了丰臣秀吉。让岛津义久意外的是,丰臣秀吉对他非常友好。丰臣秀吉不仅对他和颜悦色,宽慰了他,甚至还将配刀取下赠给了他,并命人备酒款待他。岛津义久怀疑酒中有毒,因而迟迟不敢入口。丰臣秀吉察觉到了岛津义久的疑虑,于是告知岛津义久不必饮用,只需以空杯行礼即可,岛津义久对此十分感激。五月九日,丰臣秀吉授予岛津义久朱印一枚,仍旧让其掌管萨摩国;随后又将大隅国分封给了岛津弘,将日向国诸郡县授予了岛津义久之子岛津久保。至此,丰臣秀吉完成了对岛津氏的全部处理,征讨九州的目的业已达成。

征讨九州之前,丰臣秀吉奉诏招抚岛津义久被拒之后,又奉诏征讨迫其投降,随后又奉诏宽恕了岛津义久,所有行事均是在受命朝廷大义的名分之下进行的。当丰臣秀吉来到太平寺时,连歌[①]师深水宗方前来拜谒。丰臣秀吉对深水宗方表示,日本已经统一,将来想要征讨高丽和琉球,请为此作连歌一首。深水宗方闻声便作诗一首,曰:

草木霏霏皆因五月细雨,君之恩威远及高丽百济。

---

① 连歌是日本一种诗歌形式。——译者注

丰臣秀吉大喜，遂将一块领地划给深水宗方以示奖赏。

天正十五年（1587年）五月十八日，丰臣秀吉从太平寺启程凯旋归朝。五月六日、七日，丰臣秀吉一行到达箱崎，丰臣秀吉命军队原地停留休整，同时开始论功行赏。丰后国归大友宗麟所有，筑前国及肥前国的一半郡县归小早川隆景，筑后国三郡归其弟小早川秀包，筑前国被一分为二分别划归立花统虎和高桥镇种所有，肥前国四郡归龙造寺氏，丰前国六郡归黑田孝高，其余二郡归森长可，秋月种实、高桥元种改封日向国，松浦镇信、有马晴信、五岛纯玄、宗义智等人的领地原封不动，至此九州分封完毕。

先前，因少贰、龙造寺、大友三族之间相互攻伐，筑前国博多城被战火焚为焦土①。丰臣秀吉到达箱崎期间便想要重新复兴博多，于是命令石田三成等奉行对博多城重新进行了规划。博多新城被划分为十个町②，街道四通八达，且规定城内居民免缴一切赋税。民众闻听此消息后从四面八方涌来，博多城遂又逐渐恢复了往日的勃勃生机。

---

① 天正八年（1580年）博多城几乎被全部烧毁。——译者注
② 相当于区或镇。——译者注

第 16 章

丰臣秀吉与基督教

征讨九州还带来了另一个结果，即丰臣秀吉开始采取将外国传教士驱逐出境的政策。在此之前，在对待基督教问题上，与其说丰臣秀吉对待传教士的态度与织田信长无异，倒不如说是丰臣秀吉更加优待传教士。因此，基督教在日本越来越盛行，特别是在九州，豪门望族中信仰者颇多，其中知名者不乏大友宗麟、有马晴信、大村纯忠等。天正十年（1582年）一月，上述三人派遣使者前往罗马朝觐，其中大友宗麟派遣自己的亲戚伊东万千代①，有马晴信与大村纯忠派千千岩清右卫门为正使，中浦②、原③二人为副使，在传教士范礼安④的带领下从长崎出发，于天正十三年二月十九日（1585年3月20日）到达罗马拜见教皇，并呈交了各类书信。同行的格斯巴尔特刚萨雷（音译）在介绍日本使者时表示："日本人正直敏捷，好义善战，在亚洲诸民族中名列榜首。"使团在罗马受到了优待，并收到了许多贵重礼品。六月三日，使团离开罗马到达西班牙，在拜见西班牙国王之后，又从里斯本乘船出发，于天正十八年（1590年）六月二十四日回到日本。此次出行前后共花费了八年时间，意大利慈惠教堂中的石刻记述了日本使团的此次出行。九州豪门望族信仰基督教并非有什么其他特殊目的，只是出于对其教义的认同与尊崇而已。立花道雪⑤曾记述过包括大友宗麟在内

---

① 伊东祐益。——译者注
② 中浦，即中浦儒略（教名是儒略，Julião），幼名叫小佐佐甚吾。——译者注
③ 即原玛尔定（教名是玛尔定，Martinão）。——译者注
④ 范礼安（Alessandro Valignano, 1539年2月15日—1606年1月20日），耶稣会意大利籍传教士。其原名汉语直译为亚历山德罗·范礼纳诺，范礼安是他的汉语名字。——译者注
⑤ 即上述户次鉴连的别名。——译者注

的权贵信仰基督教的状况:"众教徒不分男女老幼,破坏寺庙,将神佛之像或扔入河中,或焚而烧之,实为前所之未闻。"大友宗麟给自己取了一个教名——"Francisco",用汉字表示为"府兰齐",还使用用罗马字刻成的朱印。大友宗麟被岛津义久攻打逃到府内城时,即使在如此狼狈不堪的情形之下,仍"抱着十字架不离其身"。《日本西教史》中对大友宗麟的基督教信仰大加赞赏:"即使背叛全体国民,仍不变其信仰宗旨者,不论日本、欧洲唯有(大友)宗麟。"大村纯忠同样有着狂热的基督教信仰,甚至因此而引发了国家大乱。根据《日本西教史》及其他记述各大名事迹的相关资料显示:"九州所到之处信仰基督教之风日甚,传教士被认为是伟大而不可否定的。"岛津义久在平定九州之时,就在政治上利用过传教士。岛津义久厚遇传教士们,让传教士在信徒之间进行说教,教唆民众不要对抗自己。丰臣秀吉在征服岛津氏凯旋班师到达箱崎之后,突然于天正十五年(1587年)六月十九日下令禁止信仰基督教,要求传教士们在二十日之内离开日本,禁令被发往九州各大家族。现保存于松浦伯爵家族的禁令第一条便明确表示,"日本为神国,不可接受他国之邪法",同时第六条表示"如不妨碍国政,商人自不必说,允许任何人与外国进行通交"。由此来看,该禁令是基于国家层面的宗教战略而出台的。《日本西教史》中有关丰臣秀吉与基督教的记载显示,丰臣秀吉认为基督教教义有悖于日本传统,想要废除基督教的想法由来已久,一直未取缔皆是因为九州地区聚集了大量基督徒,害怕他们联合起来结为一党共同谋反。如上述九州豪强的基督教信仰情况所示,当地豪强们的理论是:凡是反对我等者便是对上

帝的背叛。因而，在他们眼中既无人主，也无国主，唯有上帝，因此丰臣秀吉才将基督教认定是一种有危险思想的宗教。然而，至平定九州之前，丰臣秀吉没有禁止基督教，甚至任其发展，有人认为这是丰臣秀吉的一种谋略。当丰臣秀吉在亲赴九州，目睹了基督教的传播带来的种种危害之后，便开始下定决心铲除基督教，这一决定是在丰臣秀吉深思熟虑之后做出的。在禁令发出当日，丰臣秀吉在箱崎八幡宫神社处决了两个信仰基督教的人，尽管这两个人在征讨九州过程中有功。佐佐成政也是基督徒，丰臣秀吉曾让其改变信仰而被拒绝。天正十六年（1588年）六月二十四日，在命令佐佐成政自裁的令状中，丰臣秀吉明确表示不容许佐佐成政信奉"南蛮宗"①。《日本西教史》记载，黑田孝高、小西行长也是基督徒，曾向传教士们透露过内情，并为传教士们提供了诸多方便，但丰臣秀吉没有处理这两个人，原因是因为这二人信仰程度不深、无害。丰臣秀吉对身边的近臣都会处以极刑，对待其他基督徒的态度便不言自明了。或许有人会推测认为丰臣秀吉对于传教士应该也是毫不手软，但事实并非如此，据《日本西教史》记载，在传教士们的哀请之下，限期离境的时间被延长至六个月，由此可见丰臣秀吉对于传教士们还是比较宽容的。但《日本西教史》中，有关丰臣秀吉废除基督教的记载，主要想要表现丰臣秀吉对于传教士们的残忍。之所以如此，可能是因为基督徒对被驱离日本的不满，加上实际负责操办此事的官僚在办事过程中的残酷行径所致，这当然并非丰臣秀吉的本意。

---

① 即基督教。——译者注

丰臣秀吉指派寺泽广高与藤堂高虎于天正十五年（1587年）五月开始接管长崎，命令二人驱逐在长崎的外国人[①]。不久，丰臣秀吉又让锅岛直茂代为处理此事。天正十六年（1588年）五月制定了有关南蛮船舶的规定。在后来的整个德川幕府时代，无论九州的大名如何更替，其都在长崎一致采取了驱逐外国人的政策。

天正十七年（1589年），丰臣秀吉派遣增田长盛烧毁了位于京都四条坊门通的教堂，然后又下令禁止畿内各国所有人信仰基督教。据《日本西教史》记载，大阪、京都、堺三地原本宏伟壮丽的二十二所教堂全被下令烧毁。山形市佐伯氏及山形县寒河江某人家所藏画有教堂的屏风中，除教堂外，对葡萄牙船靠岸、当时的风俗人情、街市等均有所描绘，这些应该都是丰臣秀吉时代及德川家康时代初期所流行的屏风。

此后，据《日本西教史》《长崎志》《续本朝通鉴》等记载，基督教虽然被严格禁止，但私底下信教者仍不在少数，传教士也改头换面继续留在日本传教。当时，丰臣秀吉正准备入侵朝鲜，因事务繁忙而无暇顾及这些问题，因而基督教便又逐渐开始呈现蔓延之势。造成这一态势的原因，并非只是因为人们对基督教教义的信奉，还因为传教士向民众或出借或免费给予财物，以此来收买人们信教所致，《邪宗天诛记前录》《萨藩旧记》中对此有所描述。后来，由于基督教再次盛行，德川家康于庆长十六年（1611年）下令驱逐基督教，将京都及其他各地的教堂全部捣毁。

---

① 实际上主要是欧洲国家。——译者注

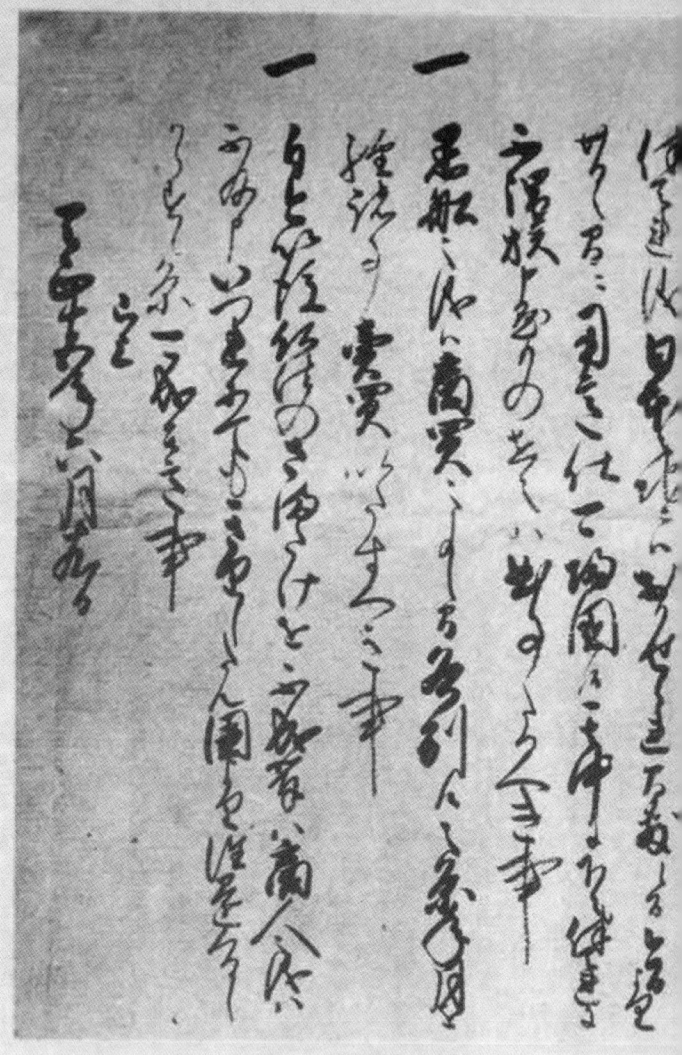

丰臣秀吉切支丹（基督徒）定书（法规），伯爵松浦厚氏收藏
此为丰臣秀吉在筑前国箱崎阵中发出的限制基督徒的法规。本文所引用的这张图片上没有丰臣秀吉的印章，应该不是原本，而是当时内容的抄录。自此之后，基督徒的行动长期收到限制

定

一 日本ハ神国タルトコロ きりしたん国より邪法
を授け候儀太以不可然候事

一 其国郡之者を近附門徒になし神社仏閣を打破
らせ前代未曾有候前代未聞候国郡在所知行等給人に被下候儀者当座之
事候 天下よりの御法度を相守諸事可得其意事

第 17 章

肥后骚乱

丰臣秀吉平定九州之后,将肥后国分封给了佐佐成政,让其镇守熊本城,并告诫其应好生安抚国中诸将以防生变,并要求其三年之内不可改变旧制。佐佐成政就任之后,便要对隈府城的城主隈部亲永的领地进行"检地①"。隈部亲永表示拒绝,认为自己已经受丰臣秀吉关白殿下之命全权掌管此地,不欢迎他人前来检地。佐佐成政闻之大怒,随即便对隈部亲永发动攻击。隈部亲永之子隈部亲安②闻讯随之从山鹿城赶来救援。因为隈府城内有佐佐成政安插的内应而被破,隈部亲永在城破之后剃发投降,行至半路的隈部亲安闻讯后只得返回山鹿城加强防御。佐佐成政对山鹿城久攻不下,便在周围构筑工事进行围困。当时,隈部氏族内有一族人叫菊池武宗,在隈府城陷落之时他逃至御船城,对城主甲斐亲秀表示,佐佐成政假借关白丰臣秀吉之命以检地为名想要夺取众人领地,大家应该与之对抗,并将此事迅速禀报关白大人;同时菊池武宗献计称,应乘熊本城空虚之机进行袭击。甲斐亲秀采纳了菊池武宗的建议,于是便在国中征兵,不久就聚集了一万余众,甲斐亲秀随即率兵攻打熊本城。佐佐成政闻讯大怒,除留下一队人马继续围困山鹿城外,亲自率领大军回援熊本城。佐佐成政大军与熊本城守军里应外合,在击败部分敌军后得以入城。佐佐成政于第二天发动反攻,并追击战败的甲斐亲秀。甲斐亲秀被迫自杀,菊池武宗也战死疆场,其余士兵皆四散而逃。山鹿城久攻未下之际,肥后国中诸族有不少人前来支援山鹿城。丰前国

---

① 日本中世纪至近代实行的农田面积和产量的调查。相当于现在的税务调查。——译者注
② 又名隈部亲泰。——译者注

诸氏族也开始加入反叛佐佐成政的行列,祸乱眼见越来越严重,马上要到不可收拾的地步。为此,小早川隆景、黑田孝高各自派人赶赴大阪给丰臣秀吉报信。丰臣秀吉闻讯立即于天正十五年(1587年)九月七日向小早川隆景、黑田孝高及其他镇西诸将下达命令,要求众人前去助佐佐成政平叛。小早川隆景到达久留米城之后,随即按照丰臣秀吉的命令进行军事部署,黑田孝高、森吉成①则率领家臣前去调查双方发生战斗的原因。当丰臣秀吉得知战斗缘于佐佐成政政治上的暴戾之后,给黑田孝高与森吉成修书一封。丰臣秀吉在信中表示:"吾向来告诫佐佐成政要其安抚士民,此次事变必是其违背了我的嘱托所致。"《黑田文书》天正十五年十月十四日的记载显示,丰臣秀吉给安国寺惠琼及小早川秀包的书信中也列数了佐佐成政的各种罪状。据各种资料显示,丰臣秀吉立即决定平叛,但在发兵之前首先派遣毛利辉元前往调查佐佐成政的平叛措施是否得当。不难想象,丰臣秀吉之所以态度如此审慎,目的是将叛乱的原因归结为佐佐成政的轻举妄动。天正十五年十二月,丰臣秀吉命令小早川隆景、安国寺惠琼、立花统虎、龙造寺政家、筑紫广门、高桥直次等人出兵征讨肥后国。和仁亲实、香春亲行首先攻陷了肥后国的田中城。隈部亲安也因山鹿城无力抵抗而向安国寺惠琼投降,安国寺惠琼将隈部亲安等人分别囚禁在柳川城及小仓城等地。其他支持隈部氏的城池也被相继攻下,至此丰前、肥后两国得以平定。天正十六年(1588年)一月二十

---

① 毛利胜信,日本战国时代至安土桃山时代武将、大名,原名森吉成。——译者注

日,加藤清正、浅野长政、小西行长率兵两万开赴肥后国,在与小早川隆景、黑田孝高等人共同商议之后,为肥后国制定各种规章制度,然后让立花统虎、森吉成将隈部亲安等人斩杀于柳川、小仓二城。至此肥后之乱宣告平定,毛利辉元、小早川隆景、黑田孝高等人班师回朝。

佐佐成政在诸将班师回朝之前,先行到达摄津国向丰臣秀吉谢罪。然而,佐佐成政非但没有得到丰臣秀吉的原谅,反倒被丰臣秀吉怒斥其擅自离开封国。天正十六年(1588年)五月十四日,丰臣秀吉修书一封,在列数佐佐成政的各种罪状后命其自裁。五月十五日,丰臣秀吉将肥后国一分为二,将加藤清正封于熊本城,食二十五万石,小西行长被封到宇土城,食二十四万石。至此,肥后之乱基本宣告结束。

肥后国自菊池氏于永正年间①衰败以来,各氏族之间为谋求独立而互相攻伐,却一直无人能够完成肥后统一大业。佐佐成政的恶政,其本源也是由于诸侯争斗这一错综复杂的局面所导致的。地处纷乱之地却只知依靠武力行事的佐佐成政,根本不适合统领此地,因而在佐佐成政的苛政之下发生叛乱也就不足为怪了。识人善任的丰臣秀吉将佐佐成政封于此地是有着深谋远虑的——丰臣秀吉应该早就看出佐佐成政不是一个安分守己、克己奉公之人,因而刻意将其封到此地,待其出乱后,再借机将其剪除,以绝后患。如若肥后国不起战乱,则肥后国的真正统一无法实现。由此来看,佐佐成政不过又是丰臣秀吉谋略的一个牺牲品而已。

---

① 1504—1521年。——译者注

待加藤清正被分封至肥后国之后,肥后国被治理得统一平和,丰臣秀吉真可谓知人善任也。

第 18 章

丰臣秀吉的和平事业

第1节 建造大佛

关于丰臣秀吉为何要建造大佛一事，种种说法，不一而足：按照《丰鉴》的说法是，奈良的大佛被松永久秀焚毁之后没有复建，因而丰臣秀吉想在京都进行重建；而《太阁记》的说法则是，重建大佛是为了使都城内外变得更加热闹；《续本朝通鉴》则认为建造此大佛是对南都奈良大佛的仿效；而《新撰丰臣实录》的主张是，丰臣秀吉出身草莽而位极人臣，这绝非一世一代积德行善的缘故，而是有着更深层的宿世因缘，为了保证子子孙孙世代繁荣，丰臣秀吉才决定建造大佛。这些说法看起来都有些道理，但到底是有些浅薄，并没有真正理解丰臣秀吉的意图。丰臣秀吉之所以建造大佛其因有二：其一是为了彰显自己的丰功伟绩并将功名传之后世，其二则是为尽收民间之兵器以为和平。为了和平消除战争，丰臣秀吉将各国民间兵器收缴起来作为铸造大佛的原材料，恐怕这才是真正的目的所在。大佛殿建造选址在了东山，寺名被定为方广寺。丰臣秀吉首先召集奈良的铸佛大师宗贞及其弟宗印并工人若干建造大佛殿，建造大佛殿的木材来自四国、九州、信浓、纪伊等国。据《萨藩旧记》所载，天正十七年（1589年）一月二十三日，丰臣秀吉给岛津义弘的书信中有详细记载：岛津义弘接到命令后，派遣重臣前往屋久岛搜寻合适木材，并将其数目、长短粗细等一一记录。同时有记述称，在纪伊国，某一负责山林的管理者因办事不力而被斩首。《佐野文书》也有记录称，大佛底部及山门的中门所用木材，指定由下野国的佐野修理太夫负责，大佛殿柱梁所用大木也全部交由各国提供。当合

适的木材被耗尽之后，丰臣秀吉甚至将目光投向了富士山。当得知富士山有合适的木材后，丰臣秀吉命令德川家康将其砍伐运来，德川家康无奈只好派人前去砍伐。《家忠日记》天正十七年（1589年）七月至十一月期间有关伐运木材一事的记述几乎一直没有中断过。购买木材的费用也被摊派给了各大寺院①，《日用集》天正十七年（1589年）三月十九日就有各寺院交纳费用的记述条目。为保护大佛而建造的大殿周围围墙原本计划用小石块构筑，由于担心日后小石块会失窃，因而决定改用大石块，大石块同样是从四方征集而来的。蒲生氏乡曾描述称，为了从三井寺山上运送巨石，先是用绸缎将大石块包裹好，然后敲锣打鼓给壮丁们鼓劲，但巨石仍然岿然不动，于是便让数十位美人着盛装立于巨石之上呐喊助威。众人受到鼓舞后，便开始竞相拼命拉抬巨石。恰逢此时，丰臣秀吉也正好来到现场，见此情形他便也亲自跳上巨石放声大喊助威。在众人奋勇合力之下巨石方才被拉动。另据《细川家记》中有关千利休的书牍记载显示，细川忠兴在运送巨石时，丰臣秀吉也曾亲自登上巨石喊着号子加油助威。近江国百济寺所藏有一挂轴，描绘着不少壮士因拖拽巨石用力过大而身体扭曲的情形，巨石之上立有一将军模样者，四周则站满了围观的男女，这应该就是刻画当时运送建造大佛殿巨石的情景。

丰臣秀吉原本将建造大佛殿一事交由五位奉行负责，为了加快进度又改为让前田玄以一人主要负责，后来又交由高野山的兴

---

① 主要为兴福寺、圆城寺、醍醐寺、东寺、东大寺、东庆寺。——译者注

山①全权负责,《宝简集》②中有关建造大佛殿的记载颇多。根据记载显示,兴山才智敏捷,深受丰臣秀吉赏识。《太阁记》记载,从事大佛佛身铸造者并非只有奈良的佛师,还有当时正在丰后国的明朝佛师。《松浦文书》同样显示,住在长崎平户的古道热肠的中国明朝人被邀请前来一起建造大佛殿。天正十六年（1588年）七月,丰臣秀吉下令开始收缴民间兵器,并为此列出三个理由：其一,各国百姓收藏刀枪剑戟等兵器易生哗变而动摇农业之本；其二,所收缴兵器将被用于打造大佛,兵器奉献者功德无量,佛祖必将护佑其今生来世；其三,百姓之家只拥有耕作农具才可确保子孙延绵。该命令被下发到各地大名手中,《萨藩旧记》《萩藩阀阅录》《小早川什书》《松浦文书》《武家事记》等都有对此事的记载。当时民间将此事称为"刀狩③",《多闻院日记》天正十六年七月十七日记载："收缴天下百姓之兵器以为大佛之钉。有兵器则乱生,则万民殒命。收缴天下之兵是为万民现世之利益。"据《前田家文书》《沟口文书》等记载,丰臣秀吉不断下令督促各地大名收缴百姓兵器,由此也可以看出,收缴天下之兵筑造大佛这一浩大工程对众人而言也是一种负担。

　　大佛建成的具体年月已不甚明了。在丰臣秀吉的严厉督管之下进度应该很快,估计在天正十四年至十七年（1586—1589年）期间就已经初具规模。此后受小田原之战④的影响,大佛建造一事有所

---

① 应其别名。——译者注
② 高野山各寺院古文书的总称。——译者注
③ "刀"泛指兵器,"狩"原本为狩猎之意,此处为收缴之意。——译者注
④ 发生于1590年。——译者注

拖延。据《晴丰公记》记载，天正十九年（1591年）五月二十日，大佛殿立柱。此后，由于要进行征战，原本预定要用于建造大佛殿的木材等被挪用于建造兵舰，致使大佛殿工期又被拖延。《太阁记》记载称，"原本打算二十年完成，现在五年似乎可以完工"。由此来看，工期并未用时太久。丰臣秀吉的计划与秦始皇销天下之兵铸十二金人一事大同小异，或许这是丰臣秀吉有意模仿秦始皇的做法。丰臣秀吉所处的形势与秦始皇的时代也极其相似——在日本，丰臣秀吉结束各国纷乱的应仁之乱[①]一统日本一事，对日本来说，可与秦始皇扫平六国统一中国一事相提并论，二人均结束了长期的列国纷乱状态而为天下重开太平。为防止兵事再起，两人均认为有必要要销毁兵器。此外，秦二世而亡，随后汉高祖开百年基业，丰臣氏也同样二世而亡，而后德川家康开三百年幕府之基，在此两点上二人也十分相似。

大佛殿在庆长七年（1602年）毁于大火。庆长十五年（1610年）由丰臣秀吉之子丰臣秀赖重建大佛，大佛以铜为铸造材料。丰臣秀赖重建大佛一事，成了引发战争的导火索，同时也揭开了丰臣氏灭亡的序幕。此后，大佛在宽文年间[②]再次被焚毁从而无迹可寻，如今只留有一些基石可见。

---

① 应仁元年（1467年）至文明九年（1477年），发生于日本室町幕府第八代将军足利义政在任时的一次内乱。——译者注
② 1661—1673年。——译者注

第2节 行幸聚乐第

在成功平定九州之后,丰臣秀吉已完成了对大半个日本的统一。为显示自己的丰功伟绩,丰臣秀吉决定邀请后亲町天皇行幸聚乐第,并趁机向皇室举行盛大的宣誓仪式。首先,我们先将聚乐第建造的前因后果进行一番简单梳理。天正十四年(1586年)二月,丰臣秀吉在京都内野选了一块风水宝地,打算建一宅邸,具体位置在一条之南二条之北,周长多达千间①,外围还挖掘了一条宽二十间、深三间的护城河。建造由诸将负责,材料由各国提供。各地诸侯也亲自前来监工,远者如佐竹氏②便曾亲自赴京参与建造。按照《多闻院日记》的说法,固定桧皮葺③的钉子由奈良的寺院负责提供。《兼见卿记》《多闻院日记》《贝塚天满记》《言经卿记》等资料记载显示,当时正值大佛建造及九州征讨期间,民众不是参加土木工程就是参加军事行动,完全没有休养生息的空间,这给民众带来了很大的负担。丰臣秀吉要建造聚乐第的原因不详,《丰鉴》认为,他的根据地在大阪,他一直有意要在皇宫周围建造一处住宅,此宅便是后来的聚乐第。为何取名"聚乐",至今没有明确记载,即便在中国古籍中也没有"聚乐"一词。只有《五代史·翟光邺传》中有所言及,"虽贵,不营财,常假官舍以居,萧然仅蔽风雨(中略),而光邺处之宴然,日与宾客饮酒聚书为乐",或许这便是聚乐第之名的由来。聚乐

---

① 长度单位,1间约合1.82米。——译者注
② 佐竹氏封地位于东海道常陆一带,即今茨城县附近。——译者注
③ 将云片柏的树皮剥下后切割成型,然后铺在屋檐上当作瓦片。——译者注

聚乐第屏风,东京源右卫门氏收藏
根据此图可以在一定程度上了解聚乐第的本丸(日本中世考古学中称作主郭)、大广间(可以容纳很多人落座的大厅)、宫殿的建筑状况,以及城外的道路状况等

第建成不久后,丰臣秀吉便将其让给了丰臣秀次。丰臣秀次喜好文学,确实常以"聚书为乐"。丰臣秀吉晚年有振兴文教事业的计划,或许是因为想在大动干戈平定日本之后大兴文教事业,故而才起名"聚乐"。此外,对此能提供佐证的便是《聚乐行幸记》,此书为大村由己奉丰臣秀吉之命所书,内容较为可信。书中写到,聚乐第"水殿云廊别样春,实为集聚长生不老之气之宝地是也"。或许这才是取名"聚乐"的真正原因,但事实是否果真如此还有待进一步研究。聚乐第规模十分宏大,《聚乐行幸记》记载"金玉填瓦缝,金龙云中吟,猛虎啸春风",由此可知瓦片之上装饰有龙虎之形。《雍州府志》记载:"其机构非言语所能及也。"另据《都名所图绘》描述:"殿阁之上镂七宝,名花异草奇石齐聚,不逊秦之阿房宫,汉之未央宫,实为宝邸也。"瓦上鎏金,由此可见聚乐第华丽之极,到了让人瞠目结舌的地步。三井县高辰氏所藏屏风,画的就是当时聚乐第的全貌。放眼望去,到处一片金色,由此可一窥当时聚乐第风貌。聚乐第始建于天正十四年(1586年),于天正十五年(1587年)九月落成,落成后丰臣秀吉从大阪搬到京都。《言经卿记》《多闻院日记》《兼见卿记》等记载,丰臣秀吉在聚乐第旁边还给诸将建造了宅邸,各宅邸同样异常奢华,盛极一时。丰臣秀吉后来在将关白一职让于丰臣秀次时,一并将聚乐第也让渡给了丰臣秀次。丰臣秀次为人生性凶恶,好听信谗言,文禄四年(1595年)因有传言称其谋反而被丰臣秀吉迁怒,随后丰臣秀次自杀,此后聚乐第被废弃。后来,聚乐第的一部分被划分给各寺院及众诸侯所有,大德寺唐门遗迹及本愿寺的飞云阁便是聚乐第尚存的遗迹。唐门上的雕刻

极其大胆,用色也极其艳丽,极具桃山时代的特征;飞云阁不仅造型精美,而且既庄严又洒脱,是桃山文化之精髓所在。此外,金泽博物馆藏有聚乐第的门扉,据说是丰臣秀吉赏赐给前田利家的,其蔓草纹饰雕刻之精美也是达到了登峰造极的地步。

聚乐第一落成,丰臣秀吉就开始着手准备迎接后阳成天皇行幸聚乐第一事。天正十六年(1588年)一月,丰臣秀吉先行向宫中拨付了部分钱财作为后阳成天皇行幸的准备之用。应仁之乱(1467—1477年)以来,由于兵火不断,历代天皇久未行幸之事。自永享九年(1437年)后花园天皇行幸将军足利义教府邸以来,至今已有152年之久。由于聚乐第行幸是时隔百余年之后的第一次天皇行幸,因此丰臣秀吉对此极其重视。《聚乐行幸记》《丰鉴》等记载显示,丰臣秀吉首先命前田玄以遍查各种记录,查找以往天皇的行幸实例。在准备妥当之后,后阳成天皇于天正十六年四月十四日开始行幸聚乐第,并在聚乐第逗留三日,其间事迹在《聚乐行幸记》中有详细记载。《古今消息集》中收藏有丰臣秀吉亲自画押批准的行幸行程与规制,由此可知丰臣秀吉亲自参与并拟定了行程、规制等。此外,《当代记》中也有有关后阳成天皇行幸行程等记载——据《当代记》记载,天皇的凤辇之前立金棒四根,其后银棒三根。永享九年后花园天皇行幸之际,足利义教只是在门前恭迎后花园天皇驾临;而丰臣秀吉则是事先进宫,然后再扈从后阳成天皇前往聚乐第,这在历史上是没有先例的,丰臣秀吉想以此来显示自己对天皇的尊崇。据《聚乐行幸记》的记载显示,后花园天皇行幸期间的饮食也是极尽精美。后世为保护各类古书而编纂的《群书类从》中也有《聚乐行幸记》一书,但是该版本的

《聚乐行幸记》与原本的《聚乐行幸记》在内容上有所不同，原本在最后一页中有"梅菴由己①以仰记之，法印②长谙③清书"的跋语和画押，且该跋语在《言经卿记》天正十六年（1588年）四月二十日至五月二十七日期间被屡屡提及，因此原本《聚乐行幸记》应该是《言经卿记》的信息本源。行幸第二天，即四月十五日，丰臣秀吉向后阳成天皇敬献洛中的银地子④五千五百三十两，向太上皇正亲町天皇及皇弟六宫胡佐麿⑤进献米地子⑥八百石，并将近江国八百石之地分封给了各亲王公卿。值得一提的是，六宫胡佐麿同时也是丰臣秀吉的犹子⑦。四月十七日，丰臣秀吉向宫中女侍等赠送财物，其中女御⑧三百石，典侍⑨、长桥两局⑩、御乳人⑪各百石，其余各五十石。《聚乐行幸记》中有言："但凡为人者，在其将死之际立下遗嘱，将其领地财宝分予他人是为人之常情；而

---

① 大村由己。——译者注
② 官职名式部卿法印的省略。——译者注
③ 书法家楠木正虎的别名，誊写《聚乐行幸记》上呈天皇。——译者注
④ 用银所纳地税。——译者注
⑤ 八条宫智仁亲王。——译者注
⑥ 用米所纳地税。——译者注
⑦ 犹子是日本明治时代以前存在的一种社会风俗，即自己与别人的儿子结为父子关系。与养子不同的是，犹子仅仅是一种契约关系，犹子不必更改自己原本的姓氏，类似结谊；但与结谊不同的是，犹子可享有继承权。根据现代的观点解释，犹子是一种"非血缘关系的指定继承人"，类似义子。——译者注
⑧ 宫中地位较高的女官。——译者注
⑨ 在新天皇登基之时，新天皇坐北朝南端坐于玉座，此时天皇南面的御帐，会由左右两位女官来担任揭开御帘的神圣职务，这两个女官被称为典侍。——译者注
⑩ 向天皇奏请并向下传达圣旨的女官名。——译者注
⑪ 天皇的乳娘。——译者注

在自己事业最盛之时将自己领地财宝上赠下予①，则最显其诚。"此外，丰臣秀吉让参加此次天皇行幸的前田利家、浮田秀家、德川家康、织田信雄等二十九位大名全部书写了誓约书，发誓子子孙孙侍奉皇室，并且起誓不做任何有违道义的事情，誓约书详见《古今消息集》《聚乐行幸记》等。丰臣秀吉奏请后阳成天皇行幸聚乐第，其主要目的表面上看是为了正式告知天皇自己已平定九州，海内已基本归服。他率领诸侯恭迎天皇行幸的真意则是在表明其尊王大义的同时，亦在向诸侯宣示自己的威严与得志，使诸侯上不敢违背天皇，下不敢悖逆自己。林罗山在《秀吉谱》中的"托事于行幸"可谓是一语中的。

第3节 北野大茶会

天正十五年（1587年）十月一日，丰臣秀吉将天下奇能之士召集于京都北野松原召开大茶会，当时人称"大茶汤"。丰臣秀吉深受织田信长影响，喜好茶道。由于丰臣秀吉喜欢无拘无束，自然不愿待在面积仅有四叠②半的小小茶室。于是，丰臣秀吉将茶道爱好者，甚至是外国人都邀请至广阔的野外来参加大茶会。由于出身平民，丰臣秀吉依然保持着平民本色，他邀请一般民众参加大茶会是他平民本色的外在体现；同时，丰臣秀吉也具有贵族特质；规模宏大的大茶会是丰臣秀吉平民本色与贵族气质的有机融

---

① 即向比自己地位高的人"赠"，向比自己地位低的人"予"。——译者注
② 1叠约合1.62平方米。日本标准茶室多为四叠半。——译者注

合。在召开北野大茶会之前，丰臣秀吉曾经在宫中召开过茶会，为此还专门打造了一间黄金茶室。黄金茶室内饰非常华丽，为了方便搬运，黄金茶室甚至被设计成了可拼装式。黄金茶室一打造完成，丰臣秀吉便命人运到宫中召开茶会。据《御汤殿上日记》天正十四年（1586年）一月十六日记载："关白殿下有一黄金茶室，在小御所①组装。"《兼见卿记》也在同日记述称："黄金茶室被放置在小御所中。"由此可见，丰臣秀吉首先将黄金茶室安置在了皇宫内的小御所，主要的招待对象为以后阳成天皇为首的皇族、公卿。丰臣秀吉亲自"点茶②"，然后向后阳成天皇奉茶，各皇族公卿奉陪。茶会结束之后，丰臣秀吉让宫中女侍等参观了黄金茶室。数日之后，丰臣秀吉将茶室运往紫野③，让京都城内的男女老少前来参观。由此可见，召开北野大茶会，并非是丰臣秀吉一时的心血来潮。丰臣秀吉首先在宫中召开大茶会，然后才又准备在野外召开规模更加宏大的平民版大茶会。

天正十五年（1587年）八月二日，丰臣秀吉让人在京都及奈良、堺等地设置高札场④张贴告示，告知民众十月一日将在北野松原召开大茶会。告示内容显示，届时不论贫富贵贱，对茶道有兴趣的人均可前来参加。茶会上同时还要展示丰臣秀吉几十年来收集到

---

① 小御所是京都皇居内的一座偏殿。——译者注
② 茶道用语，可简单理解为沏茶、倒茶。——译者注
③ 京都地名。——译者注
④ 日本从古代直到明治天皇初期，幕府和藩主用来公布法令和发布公告的设施。高札场十分简陋，建筑式样通常是用石头垒起一个一米左右的高台，然后在高台上竖一块木板。为了避免下雨淋湿布告，在木板上再加一个顶，同时为了显示官府的威严，高札场上有卫兵护卫。——译者注

的各种茶道用具，因此茶会也兼具了茶具展览的功能。据《北野大茶汤记》中有关告示内容的记载显示，天气允许的情况下，大茶会将于十月一日至十日召开。《多闻院日记》九月二十三日的内容显示，大茶会从十月一日开始，预定召开十日，但实际上大茶会仅召开一天就停办了，至于为何停办，有种说法认为是与佐佐成政所引发的九州动荡有关。在八月二日的告示中明确表示："茶会在之于心，无关长幼、身份、职业，不持有任何茶具者亦可参会。不仅日本人，有兴趣的外国人亦可参加。"由此可知，大茶会完全是面向一般平民百姓的。大茶会召开当日，在北野松原所建的大茶室是公卿将士们的各种意见和智慧的结晶，同时，大茶会也将大家带来的茶道用具通通进行了展示。根据《多闻院日记》《兼见卿记》的记载，茶室多达一千五百多间，其中八百余间为公家①开设。茶室从北野的经堂一直排到松梅院近旁，并且没有一间空置。《太阁记》也记述称，方圆一里完全没有空地，全部建满了各种茶室。按照《北野大茶汤记》的说法，认为大茶会与黄金茶室有异曲同工之妙，彰显了丰臣秀吉实力。这一日，丰臣秀吉带领近臣们频繁出入公卿将士们的各类茶室。将士之中对茶道感兴趣的自然是不请自来，而那些对茶道没什么兴趣的，则是丰臣秀吉命令其来的。据《太阁记》记载，被迫来参加大茶会者有三百零五人。从告示的要求——"无关长幼、身份、职业。不持有任何茶具者亦可参会。不仅日本人，有兴趣的外国人亦可参加。"——可以看出，从地方各国前来参加的人应该也有

---

① 为天皇与朝廷工作的贵族、官员的泛称。——译者注

千利休笔迹,男爵乡诚之助氏收藏

本愿寺新门迹(门迹为住持之意)教如(人名)曾向千利休展示过茶壶,千利休在给双庵的书信中表达了对教如的谢意。此书信很好地展示出了千利休的字迹特征

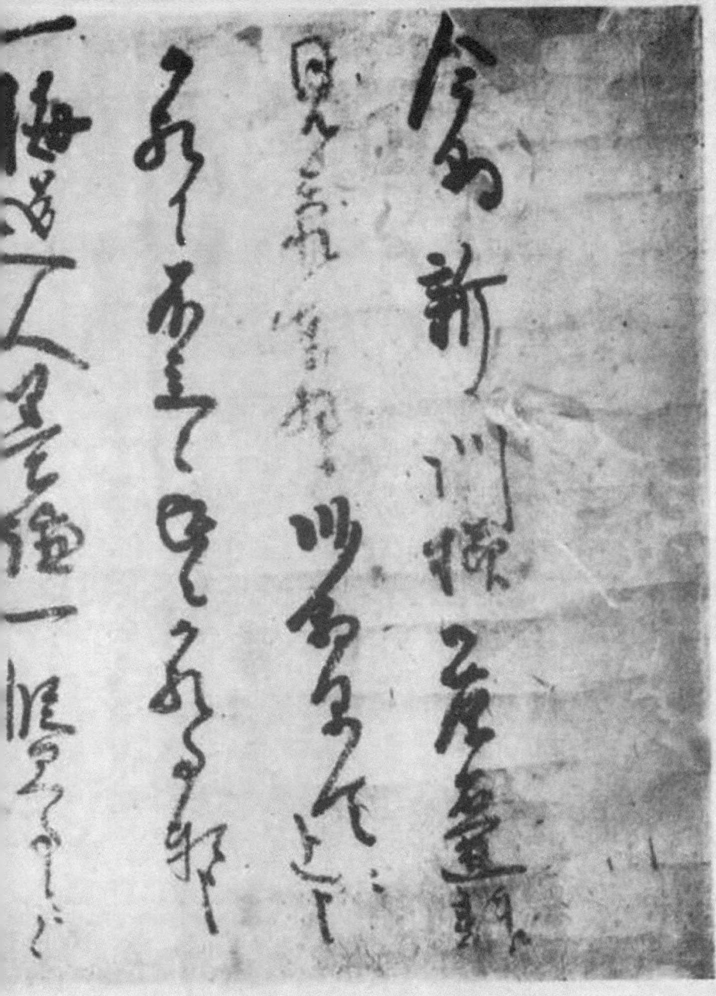

一、梅苔人足五輪一はかみそへ

一、新川様所望
　あくあてゝ見あるゝ斗

很多。大茶会主要由千宗易、宗及、宗久①三人负责，丰臣秀吉赏予三人各三千石。有关北野大茶会盛况的绘画尚有存世，但从画面上的文字描述来看，画作应该为后世所作，因为其中所出现的人名与历史事实多有不合之处。据有关的可信资料显示，为举办大茶会所用的场地，茶室遍地，没有空余之地，而此画中尚有多处空余，因此判断应该为后人所作。丰臣秀吉召开规模如此盛大的茶会，当然并非只是为了一味显大，主要目的是彰显自己的威势。他召开如此盛大的茶会也是有前例可循的——织田信长曾聚集天下名马于京都受检阅，目的当然是为了彰显自己强大的军事实力。此次北野大茶会与织田信长阅马相比，虽然比较和平，但无疑也是对织田信长的模仿，只是做法不同而已。因此，《多闻院日记》天正十五年（1587年）九月二十三日的记载明确表明："有关于京都大茶会之事，今日奈良多有议论，称其过分造作，与当年织田信长名马云集京都之事无异。"《多闻院日记》将大茶会与织田信长阅马一事相提并论并无不妥，两者一个是以武力展示实力，一个是以和平手法展示实力，只是手段上存在差异而已，但在彰显威权让天下归服这一点上并无二致。因此可以说，彰显威权才是丰臣秀吉召开大茶会的真正意图。

---

① 千宗易即千利休，宗及即津田宗及，宗久即今井宗久，三人均是安土桃山时代著名的茶道宗师，合称"天下三宗匠"。——译者注

第4节　分金散银

丰臣秀吉效仿织田信长，将下属各国的金银矿山统统收归己有，然后派人监督管理，并大肆进行采掘。即使是他国他人的矿山，丰臣秀吉也同样派人对其进行监管。比如，据《银山旧记》记载显示，石见银山为毛利家族所有，丰臣秀吉派遣代官①与毛利家代官对该矿山共同进行监督管理。因此可以推断，丰臣秀吉应该对其他矿山也采取了同样的手段。

加强对各国金山银矿的管理，很快便使丰臣秀吉聚集了众多金银。据太田牛一的《杂记》记载："自丰臣秀吉出仕以来，日本国内开始涌现众多金山银矿。古之黄金稀少鲜见，如今即便田野村夫也持有众多金银。本朝丰饶全拜丰臣秀吉之功，甚至路无行乞者，真乃难得之盛世也。"由此看见，当时民间金银充盈。为充盈国库，丰臣秀吉用金银铸造了大量大判、小判②。金币的铸造始于织田信长，丰臣秀吉在仿效织田信长做法的同时，为了携带方便开始制造小判。小判的铸造具体始于何时尚未可知，按照新井白石所著《宝货通用事略》的记载显示，是始于天正十六年（1588年），至于新井白石根据什么资料提出的这种说法现在已不得而知。根据后藤庄三郎家所藏资料记载，来自板仓伊贺的书信中有"天正十五年（1587年）给浪人们交付判金"的字样，由此可见天正十五年已有判金存在。或许，应该在天正十五年之前就已经在

---

① 代替君主或领主代管某事的职位。——译者注
② 日本古时的一种金币，广义上是指16世纪以后制造的"延金"中所有呈椭圆形者，其中面积较大者为"大判"，较小者则为"小判"。——译者注

铸造判金,从天正十六年(1588年)开始大量铸造。由于大量金银财货充盈财库,天正十七年(1589年)五月二十日,丰臣秀吉开始将大量的金银分发给众公卿及将士们。他在聚乐第南门的中二町附近搭建了三个台子,上面堆满金银。丰臣秀吉与皇子六宫胡佐麿同坐一处,菊亭晴季及劝修寺晴丰等公卿分侍两旁,前田玄以、浅野长政、增田长盛、石田三成等人作为奉行,将众人召唤至丰臣秀吉面前开始进行分发。丰臣秀吉首先向古佐丸①献上黄金三千两、银一万两,织田信雄、德川家康与古佐丸同额,丰臣秀长为黄金三千两、银两万两,丰臣秀次为黄金三千两、银一万两,浮田秀家等诸将按照职位大小也分别分得了数目不等的赏赐,此次共计分发金银三十六万五千两。《维摩会日记》的记载为:黄金四千九百枚,白银两万一千一百枚,共计两万六千枚;而《日用集》的记载为:金币六千枚,银币两万五千枚。枚数虽然有差异,但可以推测分发金银的大概数目,此事被时人称之为"太阁金赋②"。

有关"太阁金赋"的理由,各种记载也不尽相同。《日用集》有关丰臣秀吉给众人分发金银一事的说明为:"人之生死无定数,人之将死之际意识混沌不知前后之事,不如趁早分遣财物。"由此来看,丰臣秀吉分发金银的理由是,与其在临死之时作为遗物分予众人,不如在有生之年分发为好。在《聚乐行幸记》的记述中,丰臣秀吉曾表示:"世人一般在将死之前分发

---

① 即六宫胡佐麿。——译者注
② "太阁"指丰臣秀吉,"金赋"按照汉语的顺序为"赋金",即分发钱财之意。——译者注

财物,而吾独在盛壮之年将领地财物进行分发,以表我心中之志。"这和《日用集》中的说法一致。如前所述,《聚乐行幸记》是大村由己奉丰臣秀吉之命所书,因此书中内容并非作者想象,应是当时的实记。《日用集》同样也是纪实资料,与《聚乐行幸记》两者记述相同的话,说明当时的真相应是如此。《丰鉴》认为:"丰臣秀吉认为,自己已经掌控日本,再多的金银也如同瓦砾,不如分封将士以兴其家。"林罗山的《秀吉谱》也持有同样的观点。这些资料都出自丰臣秀吉当时所处的年代,内容应该不是作者们的想象,"金赋"应该是丰臣秀吉故意为之。当时,丰臣秀吉正立志想要荡平关东,进而征讨海外,在实行这一大战略之际,"金赋"便有了其特殊的历史意义。因为"金赋"即可以显示自己财政充盈,同时也可收买人心、鼓舞士气,号召大家跟随自己共创一番更加辉煌的伟业。

第5节 诸国检地

对诸国进行检地始于织田信长,丰臣秀吉延续了这一做法,但丰臣秀吉何时开始实行检地尚不明确。许多资料显示始于天正十三年(1585年)四月,但天正十三年四月的检地不过是临时的或小规模的。另据其他文书资料显示,天正十七年(1589年)开始从畿内进行普遍性的大规模检地,现存的检地账本中也多是天正十七年之后的账本。战国时代,日本诸侯割据,各国实行的税法等各不

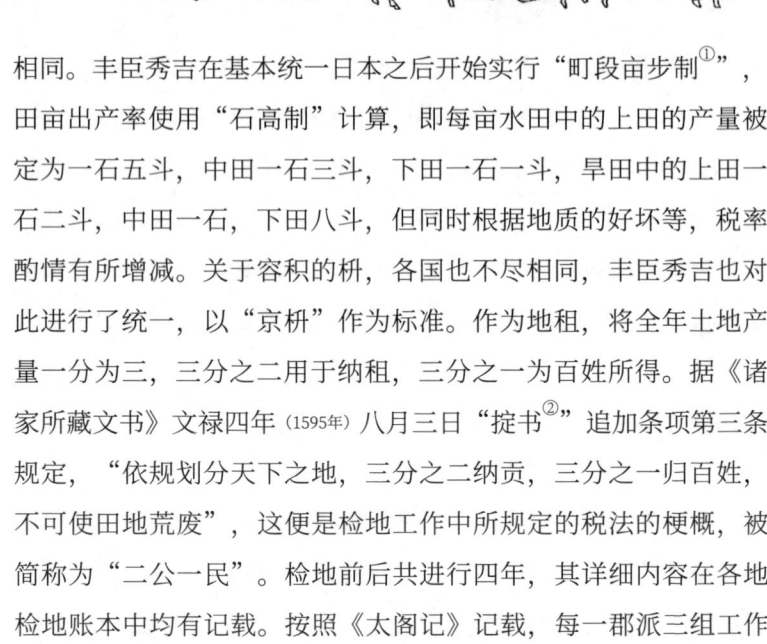

相同。丰臣秀吉在基本统一日本之后开始实行"町段亩步制①"，田亩出产率使用"石高制"计算，即每亩水田中的上田的产量被定为一石五斗，中田一石三斗，下田一石一斗，旱田中的上田一石二斗，中田一石，下田八斗，但同时根据地质的好坏等，税率酌情有所增减。关于容积的枡，各国也不尽相同，丰臣秀吉也对此进行了统一，以"京枡"作为标准。作为地租，将全年土地产量一分为三，三分之二用于纳租，三分之一为百姓所得。据《诸家所藏文书》文禄四年（1595年）八月三日"掟书②"追加条项第三条规定，"依规划分天下之地，三分之二纳贡，三分之一归百姓，不可使田地荒废"，这便是检地工作中所规定的税法的梗概，被简称为"二公一民"。检地前后共进行四年，其详细内容在各地检地账本中均有记载。按照《太阁记》记载，每一郡派三组工作人员负责检地工作，人选的审查非常严格，所选之人既要诚实守信又要善于数学计算，还要提供誓约书，然后方才被派往各地。当时的"心得书③"中记载：

一、不给百姓添麻烦负担

二、薪金之外不可贪贿

三、为"给人④"尽职工作，不可营私

---

① 6尺3寸=1间，1间的平方=1步，30步=1亩，10亩=1段，10段=1町。——译者注
② 幕府、大名所制定的法令、法规等。——译者注
③ 注意事项书。——译者注
④ 向自己支付酬劳者。——译者注

另据参州①《冈崎领古文书》记载：

一、但有发现负责检地者胡作非为之事须立即上报
二、禁止收受财物
三、但有所言，不论身份均可畅所欲言

此外，《诸家文书纂》中天正十七年（1589年）十月六日治部少辅②所制定的"掟书"中规定，对待平民百姓的态度要亲和。

总之，检地是一项极其艰巨的工作，如果与民众之间发生冲突则很容易造成大规模骚乱。如前所述，佐佐成政之所以殒命，其直接原因便是佐佐成政要对自己所辖的肥后国强行检地所致。丰臣秀吉所实施的检地工作从天正十三年（1585年）、十四年（1586年）一直持续到文禄四年（1595年），由于时间跨度较长、过程平缓，因而没有引发民众暴动。当然，也有可能在检地过程中发生了民乱，却没有被记载下来。如果的确没有发生，则有可能如上述"掟书"中所规定那样，事先对实际负责检地的工作人员进行了严格的训诫，从而使在检地过程之中几乎无违法乱纪的事情发生。无论是铸造金银货币还是检地，这些都是巩固国家根基的大事，也是丰成秀吉使日本变强的原因所在。值得注意的是，在研究丰成秀吉的其他政策时，有必要与上述政策进行相关的对比。

---

① 亦称三州，今爱知县东部。——译者注
② 当时的日本有治部省，负责管辖外事、户籍、仪礼等，少辅为官职名；此处指石田三成。——译者注

第6节 宗教政策

一、比叡山延历寺再兴

元龟二年（1571年），织田信长放火焚烧了延历寺。之后，三千僧众及日吉社①的有关人员被迫下山，比叡山随即人去山空。祝部行丸为了日吉社的再兴开始周游列国募捐，蒲藏院亮信、正觉院豪盛等僧徒也相继前往关东拜访各豪族，想要求得他们的帮助再兴山门。武田信玄曾经皈依佛门受教于豪盛，因此他打算向正觉院豪盛提供援助。五年后的天正三年（1575年），祝部行丸归来打算重建日吉社，并将重建一事奏请朝廷，但没有获得批准。朝廷应该是对织田信长有所忌惮，所以才未予以准许，但祝部行丸没有放弃，继续多方进行活动。天正四年（1576年）十一月，祝部行丸公开向大纳言②劝修寺晴丰上书，请求他向织田信长下令，准许自己向各诸侯国募集重建日吉社的费用，但上书石沉大海，杳无音信。当时，浅野长政已经成为近江国坂本城城主，非常同情祝部行丸的遭遇，于是为日吉社的重建捐赠了木材，毛利辉元也捐献了银两——估计是出于对织田信长的忌惮，二人的这些捐赠均是私下进行的。天正十年（1582年）六月，织田信长在本能寺之变中死后，比叡山的众僧徒闻讯欣喜万分，开始从各地纷纷返回比叡山，准备携手重建比叡山。亮信、豪盛、南光坊的裕能等人成为比叡山重建的主要负责人，他们留在比叡山负责处理各种重建

---

① 日吉大社，神社，同时被烧。——译者注
② 官职名。该官职的职权为负责协助大臣、参议政事、宣诏政令且担任天皇的近侍，可谓位高权重。——译者注

事宜。施药院的全宗、观音寺的诠舜等人主要负责在外部进行活动，负责化缘募捐。全宗、诠舜首先拜访了丰臣秀吉，向其表达了重建比叡山的愿望。丰臣秀吉以织田信长逝去未久为由没有同意，但他们并未灰心，仍全力以赴地致力于重建工作。天正十年（1582年）十二月，青莲院住持尊朝法亲王亦起草劝进状[1]，并分发给各国的信徒。青莲院[2]与比叡山关系密切，由于青莲院升任为延历寺贯主[3]，因此由青莲院负责起草劝进状。劝进状的主要内容自然是为了重建比叡山而向各国发出募捐的请求，其全文载于《史集全览》。通过不懈努力，重建工作得以稳步推进，在祝部行丸等人的主持下，十二月二十七日首先建造了日吉社七分社的临时殿堂。天正十一年（1583年）闰正月，朝廷下旨，准许山门三院、日吉社打造神佛之像，自此朝廷开始公开允许比叡山的重建工作。同时，朝廷下旨要求德川家康支援重建工作。德川家康随即上奏表示遵旨，然后在自己的属国进行募捐，同时希望丰臣秀吉了解募捐一事，并同意募捐——此奏章现存于《延历寺文书》中。德川家康的老臣酒井忠次也向山门别当代[4]发送书信，称对德川家康的属地近江国的山门领进行调查之后，返还给延历寺。由此可见，德川家康有以服从朝廷命令的方式来接近朝廷的意图。由于公开得到了朝廷的允许，全宗、诠舜便再次请求丰臣秀吉允许重建比叡山。丰臣秀吉非常赞赏二人，常常让二人伴随左右，与二人关

---

[1] 寺庙建造之际而书写的有关建造一事的状表。——译者注
[2] 青莲院并不在比叡山。——译者注
[3] 总监天台宗下属诸寺的官职。——译者注
[4] 别当代指设置在大寺庙的官员，负责统辖寺内事务。——译者注

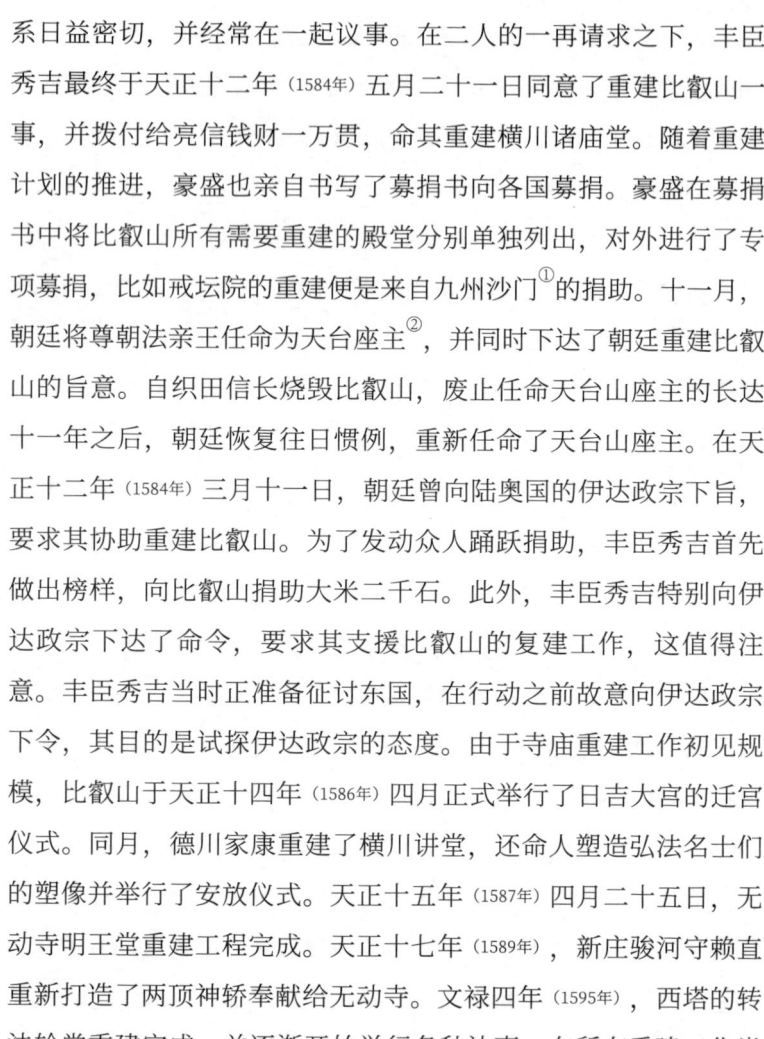

系日益密切，并经常在一起议事。在二人的一再请求之下，丰臣秀吉最终于天正十二年（1584年）五月二十一日同意了重建比叡山一事，并拨付给亮信钱财一万贯，命其重建横川诸庙堂。随着重建计划的推进，豪盛也亲自书写了募捐书向各国募捐。豪盛在募捐书中将比叡山所有需要重建的殿堂分别单独列出，对外进行了专项募捐，比如戒坛院的重建便是来自九州沙门[1]的捐助。十一月，朝廷将尊朝法亲王任命为天台座主[2]，并同时下达了朝廷重建比叡山的旨意。自织田信长烧毁比叡山，废止任命天台山座主的长达十一年之后，朝廷恢复往日惯例，重新任命了天台山座主。在天正十二年（1584年）三月十一日，朝廷曾向陆奥国的伊达政宗下旨，要求其协助重建比叡山。为了发动众人踊跃捐助，丰臣秀吉首先做出榜样，向比叡山捐助大米二千石。此外，丰臣秀吉特别向伊达政宗下达了命令，要求其支援比叡山的复建工作，这值得注意。丰臣秀吉当时正准备征讨东国，在行动之前故意向伊达政宗下令，其目的是试探伊达政宗的态度。由于寺庙重建工作初见规模，比叡山于天正十四年（1586年）四月正式举行了日吉大宫的迁宫仪式。同月，德川家康重建了横川讲堂，还命人塑造弘法名士们的塑像并举行了安放仪式。天正十五年（1587年）四月二十五日，无动寺明王堂重建工程完成。天正十七年（1589年），新庄骏河守赖直重新打造了两顶神轿奉献给无动寺。文禄四年（1595年），西塔的转法轮堂重建完成，并逐渐开始举行各种法事。在所有重建工作尚

---

[1] 泛指出家人。——译者注
[2] 实际上也是延历寺住持。——译者注

未完成之际丰臣秀吉去世，此后在德川家康的支持下重建工作得以继续进行。

丰臣秀吉重建比叡山一事，应该与其重建高野山本愿寺一事一并讨论，因为只有这样才能更全面地了解丰臣秀吉的宗教政策。

二、重建高野山金刚峰寺

如前所述，织田信长曾令织田信孝率军攻打高野山。在得知本能寺之变之后，织田信孝便立即撤出对高野山的围困前去救援，高野山僧众随之对织田信孝展开追击。在丰臣秀吉战胜柴田胜家取代织田信长之后，高野山僧众致信祝贺丰臣秀吉平定北国。高野山僧众这样做，想必是料到了丰臣秀吉将来必然会取得成功，因而事先讨好丰臣秀吉，以便将来能与之和平相处。不过，丰臣秀吉正专注于与德川家康的小牧之战，对高野山问题尚无闲暇顾及。天正十三年（1585年）三月，丰臣秀吉征讨南海来到纪伊国，派人前往高野山进行劝降，表示如不投降将要征讨高野山。于是，高野山的处境就变得十分尴尬，一山僧众对此事进行了评议，想要派人前往面见丰臣秀吉，然后与其进行交涉，但未能选出可堪当出使大任的人。客僧应其提议派遣自己前往丰臣秀吉大营，代表高野山进行谈判，于是众人将此事全权委托给了应其。应其来到丰臣秀吉阵中，为高野山的所作所为进行了辩解，最终使丰臣秀吉与高野山之间达成和解。天正十五年（1587年）九月七日，高野山金堂落成之时，丰臣秀吉特地召开大法会以示祝贺。后来，丰臣秀吉的母亲大政所去世之后，丰臣秀吉向高野山

捐献巨资修建了"发寺①",以表示对大政所的纪念。"发寺"便是今天的青严寺,应其担任其住持。此后,丰臣秀吉在大政所三周年忌日之际亲自前往高野山召开法会进行追思,并让人谱写了高野山参拜歌谣。应其对丰臣秀吉的到来表示非常欢迎,并对丰臣秀吉极尽赞美之词。丰臣秀吉将大政所的遗发供于佛前,并对应其说,弘法大师②自圆寂以来已有七百余年,各殿堂已经破败不堪,因而作为布施想重建高野山。后来,应其奉命对各殿堂进行了重建,据说重建后殿堂多达二十五处之多。至此,原本已经破败不堪的高野山再次变得庄严、美轮美奂。

对比比叡山与高野山的重建,有一点应值得我们注意。比叡山重建之时,施药院的全宗为重建事业发挥了巨大作用。因为丰臣秀吉非常看重此人,所以给予了全宗极大的支持。值得注意的是,丰臣秀吉早年曾经从近江国来到比叡山为僧,向一溪道三③学习医术。当年丰臣秀吉在医术方面进步很快,给不少人治过病。丰臣秀吉向寺内奏请之后升为"法印",后又前往施药院工作,甚至被允许"升殿④"。丰臣秀吉同时又担当"右笔"等职,执掌行政文书,还经常署名颁布法令。所以,后来丰臣秀吉的朱印状或书信上会经常出现"施药院"的自称。高野山得以重建,应其居功甚伟。应其出身于近江国佐佐木一族,最初的身份是武士,

---

① 最初称"剃发寺",寺中收藏了大政所的头发以示纪念。——译者注
② 法名空海,密号遍照金刚,谥号弘法大师。是日本真言宗的开山祖师,为汉传密宗八祖,作为日本弘扬佛法的先驱者享有崇高的声誉。——译者注
③ 曲直濑道三。——译者注
④ 得到允许进入佛堂深处。——译者注

据说后来来到高野山修行，行"木食戒①"。当高野山处于危难之时，应其以客僧身份替高野山向丰臣秀吉进行了辩解说和与求情，从而使高野山这一佛教圣地得以保留至今。比起全宗，丰臣秀吉更看中应其，应其颇有建筑才能，高野山之外的不少寺庙都是应其参与建造、复建或复原的。据说应其参与了八十多处寺庙的建造工作，比如京都东寺的金堂与五重塔、醍醐寺的金堂、嵯峨的释迦堂、石山寺的观音堂等。后来，应其又遵从丰臣秀吉的遗命建造了丰国神社，《纪伊续风土记高野山高僧行状》及《总分方风土记》对此事均有记载。

如上所述，丰臣秀吉从比叡山发现了全宗，从高野山发现了应其，并重用他们，充分发挥了他们的聪明才智。全宗、应其也对丰臣秀吉所交办的事务尽心尽力，对丰臣秀吉的宗教政策贡献颇多。

三、优待兴福寺

织田信长在征讨大和国之后，对当地的寺院神社进行了检地，其中有一个重大发现是，以兴福寺、东大寺为首的各寺院均拥有大量土地。自源平时代②以来，寺院依仗手中掌握的大量土地一直飞扬跋扈，因此源赖朝一直未能在大和国设置守护③一职。织田信长时代开始在大和国重新设置守护大名，严格管理各大寺

---

① 一种僧侣的修行方式，其间不食用用火加热烹饪的食物，只食用草木的种实。——译者注
② 11世纪末至12世纪末源氏与平氏争霸的约一百年。——译者注
③ 官职名。室町时代开始被称为守护大名。——译者注

院,从此南都①诸寺院开始逐渐陷入窘境。至织田信长去世,对各大寺院的整治工作尚未完成。丰臣秀吉继任后,并未延续织田信长的政策——武力镇压各大寺院,反而采取了优抚的政策。天正十三年(1585年),丰臣秀吉将家弟丰臣秀长分封至大和国。这不仅是因为大和国地理位置十分重要,也是因为丰臣秀吉也想与各大寺院搞好关系。此后不久,丰臣秀吉对春日神社②进行了重建,完工后的春日神社华丽无比,令人叹为观止。据《多闻院日记》记载:"及至建造完毕,极尽奢华之美。"同时还记载,当建造完毕之后,大政所准备前去参拜,神社方面为此进行了精心准备,丰臣秀吉为此也支付了所有费用。据《多闻院日记》《维摩会日记》记载,天正十七年(1589年),丰臣秀长参拜春日神社后,下令为兴福寺修建围墙并修缮各门,并立即派人着手进行施工。丰臣秀长曾亲赴现场查看施工情况,完工之后又进行过多次参拜,有时还会携带家人前往参观游玩并顺便参拜,其间均受到了兴福寺的热烈欢迎。维摩会是兴福寺每年举办的最重要的活动,但由于所需费用巨大而停办多年。天正十七年,丰臣秀吉为举办维摩会捐赠价值五百石的钱财,维摩会得以于当年八月重新举办。维摩会需要讲师讲经,当时由一成院住持尊势担任讲师。经丰臣秀吉向朝廷奏请,尊势被推举为大僧正③。尊势为前关白近卫前久之子,近卫前久曾违抗织田信长的命令,离开京都出逃至萨摩国。值得注意的是,丰臣秀吉所要优待之人——尊势竟然是织田信长

---

① 奈良别称。——译者注
② 奈良春日大社。——译者注
③ 僧人最高职位。——译者注

想要排斥之人之子。

天正十七年（1589年）十月，丰臣秀吉外出狩猎，顺便前来奈良游玩，诸王侯将相相伴而来。按《多闻院日记》《维摩会日记》记载，众人借宿于东大寺、兴福寺等寺院，诸寺热烈欢迎。为欢迎丰臣秀吉一行的到来，诸寺事先精心准备。天正十七年新年之际，尊势曾派人前往参拜丰臣秀吉，为丰臣秀吉行恭贺新年之礼。当时诸国均派人前来向丰臣秀吉贺喜，由于人数众多，众人一时无法立即谒见丰臣秀吉，导致大家都滞留京都。但据《维摩会日记》记载，尊势的使者很快便谒见了丰臣秀吉，由此可见丰臣秀吉对兴福寺的优待。其实，与其说丰臣秀吉优待兴福寺，不如说是优待大和国之人。因为当时兴福寺是大和国人的聚集之地，优待兴福寺就意味着优待大和国人。有趣的是，织田信长一直压迫大和国，而丰臣秀吉却与之相反，对大和国异常优待。

四、优待本愿寺

本愿寺在和织田信长激战之后虽然讲和，但织田信长对本愿寺一直采取压制政策。因此，本愿寺只要一有机会，便想要摆脱织田信长的压制，恢复本愿寺昔日的辉煌。本能寺之变后，住持光佐①一早便认为取代织田信长者必是丰臣秀吉，并将此看作一个天赐良机。天正十一年（1583年）三月，丰臣秀吉与柴田胜家在贱岳对战之时，光佐派人前往拜见丰臣秀吉，表示愿为丰臣秀吉尽忠效力。对此，丰臣秀吉给光佐回信，在信中希望光佐发动加贺、

---

① 显如别名，或称本愿寺显如，是净土真宗本愿寺第11代门主，也是战国时代之中实力最雄厚的宗教人士，开创了本愿寺最辉煌的一段时期。——译者注

越前两国的僧徒起事，对柴田胜家形成牵制。作为回报，丰臣秀吉将恢复本愿寺在加贺国的土地。然而，本愿寺是否真的按照丰臣秀吉的要求让加贺、越前国的僧徒信众发起了暴乱，目前没有明文记载。不过，从后来丰臣秀吉优待本愿寺，以及光佐对恢复本愿寺寺领①一事的积极运作情况来看，光佐应该是煽动过起事。据《本愿寺文书》记载，丰臣秀吉一剿灭柴田胜家平定北国，光佐便立即派人向丰臣秀吉贺喜。

《本愿寺文书》《本愿寺通纪》记载，天正十五年（1587年）丰臣秀吉在平定九州时，光佐派下间赖廉跟随丰臣秀吉出征，而且还让萨摩的信众为丰臣秀吉军队做向导。光佐利用信众门徒来讨得丰臣秀吉的欢心，丰臣秀吉也对光佐进行了积极而有效的利用，应该说二人是各取所需。本能寺之变后的天正十一年（1583年）七月，光佐便带着开山祖师的佛像从纪伊国鹭森转移到和泉国贝塚，这便是其复兴宗门本愿寺的第一步。贝塚有一处莲如②曾经待过的寺院遗址，天文年间（1532—1555年）有一个叫卜半斋③的人对已经荒废的寺院进行了重建，将其命名为愿泉寺并亲自担任住持。天正十年（1582年），丰臣秀吉命令卜半斋为光佐建立了一座御堂④，此后光佐便在此暂时居住了下来。

光佐在愿泉寺住下的同时派人向丰臣秀吉致谢，并向浅野长政等丰臣秀吉的近臣们皆赠送了礼物。丰臣秀吉也派人向光

---

① 寺庙所领有的土地。——译者注
② 净土真宗僧人，本愿寺中兴之祖。——译者注
③ 了珍。——译者注
④ 安置佛像的佛堂。——译者注

佐进行了回谢，丰臣秀吉的夫人还回了礼。天正十四年（1586年）七月二十八日，丰臣秀吉在和泉国筑尾村向本愿寺捐赠了价值二百八十石的寺领。天正十七年（1589年）八月，光佐移居摄津国天满本愿寺后，丰臣秀吉又为本愿寺建造了佛堂和宝塔，并为光佐的追随者们建造了居室。前面提到的丰臣秀吉在贝塚为光佐所建的御堂，被丰臣秀吉授予了卜半斋。十二月，丰臣秀吉将京都大谷的本愿寺旧址送给本愿寺，并下令免除其租税。光佐如愿以偿，将原本已经荒废的本愿寺祖堂进行了修缮并恢复了其旧观。之后，丰臣秀吉又将位于山科的本愿寺旧领地赠送给了本愿寺。天正十八年（1590年）二月八日，丰臣秀吉又免除了本愿寺在天满的寺内町房屋的地租，天正十九年（1591年）正月，又将京都六条的东西长三百六十间、南北宽二百八十间的土地授予了本愿寺。自此本愿寺也在京都也有了根据地。以上种种，皆是光佐努力结交丰臣秀吉的成果。

总之，在织田信长死后，光佐便于次年早早来到和泉国，三年后又来到摄津国，六年后便又转移至京都，每次转移都得到了丰臣秀吉的扶助。一心想要恢复本愿寺往日荣光的光佐不仅实现了自己的愿望，还使本愿寺比旧时有了更大的发展。今日本愿寺宗门之隆盛，可以说全部是得益于光佐的不凡之手段。

五、总结

织田信长曾经极力打击与压制比叡山、高野山及本愿寺，但丰臣秀吉与之相反，对它们都进行了优待、扶持，甚至帮助它们进行了重建。不仅是上述三座寺庙，在丰臣秀吉时代的诸多寺庙也都非常兴盛。为了使天下人心欣然归附，丰臣秀吉并没有仅

依赖于武力征服,而是采用了积极的宗教政策。当时的社会活动中,宗教信仰的势力非常强大,对于宗教是支持还是打压,对人心的向背会产生截然不同的影响。丰臣秀吉非常清楚这一点,因而才采取了宗教保护政策。丰臣秀吉继承了织田信长经略天下的基本政策,但唯独宗教政策与织田信长相左,他没有有意实施打压传统宗教的政策。无论是比叡山还是高野山抑或本愿寺,丰臣秀吉都是采用了积极的扶持再兴政策;特别是高野山,因为织田信长刚刚去世,所以丰臣秀吉先是继续延续了织田信长的征讨政策,同时等待高野山主动归服,然后对归服后的高野山再行扶持优待政策。由此可见,丰臣秀吉的处置手段非常高明。丰臣秀吉是一个不拘于小事的人,但对于人情世故的捕捉又极其细致入微,十分了解民众的心理。用当今非常流行的话语来讲,便是丰臣秀吉非常善于获取"人气"。其寺院政策,即宗教政策,便是其收揽人心的一大高明之策。

第 19 章

小田原之战

第1节 上野、信浓、甲斐三国形势

此时,丰臣秀吉已经平定北陆并征服南海与九州,他继而想要荡平关东统一日本。天正十八年(1590年)三月,丰臣秀吉亲率大军从京都出发,前往讨伐北条氏政。在此之前,我们首先梳理一下本能寺之变后上野、甲斐、信浓三国的形势变化。所谓的形势变化,主要是指上述三国自本能寺之变到丰臣秀吉东征期间所发生的事情。

织田信长平定甲斐国后,将甲斐国分封给了河尻秀隆,将信浓国分封给了森长可等四人,上野国分封给了泷川一益并让其驻守厩桥城。织田信长希望以此来控制关东的同时,暗地里对北条氏政形成压制之势。然而,随着本能寺之变的发生,一夜之间三国动乱再生。在此,我们首先了解一下当时上野国的情况。

当泷川一益在厩桥城得知本能寺之变后,认为北条氏政必然会趁机攻取北上野,因此事先做了防范准备。果然,不出泷川一益所料,北条氏政果真派兵前来攻打北上野。北上野原本就是北条氏族的势力范围,因此,北条氏政出兵也可以说是为了收复失地。泷川一益当时并不想与北条氏政纠缠,只是打算从厩野城启程进京吊唁织田信长。武藏国钵形城城主北条氏邦率军在上野国金窪原伏击泷川一益。泷川一益奋力回击并将北条氏邦击溃。但此时恰逢北条氏直率军前来支援,泷川一益寡不敌众,大败之后逃往伊势国长岛城。随后,上野国重归北条氏所有。

此时,森长可与越前国的柴田胜家正按照织田信长的命令征讨上杉景胜。森长可从信浓国进入越后国之后到达关山,柴田

胜家则从越前国出兵,在进入越中国后对鱼津城展开攻击,并将其占领。当得知本能寺之变后,柴田胜家急忙率兵返回越前国,森长可也随即撤兵返回信浓国,并准备前往本能寺靖难。然而,森长可的部下春日周防等劝说森长可,如果要西上,应先释放人质①,否则信浓国人必将追击而来。森长可没有听信春日周防的劝告,仍然按照原定计划赴京。果然,森长可在途中受到追击,但森长可最终仍得以逃脱西上。至此,信浓国又成了无主之地。

德川家康在得知织田信长遇难的消息之后,准备趁机攻占甲斐国,此时的甲斐国国主为河尻秀隆。天正十年(1582年)六月六日,德川家康命冈部正纲征讨甲斐国并攻取下山城,然后以下山城为据点。下山城位于甲斐国南巨摩郡,是从骏河国进入甲斐国的必经之地。德川家康在占领下山城这一战略要地的同时,让本多信俊作为使者前往会见河尻秀隆。本多信俊对河尻秀隆表示,有乱民正准备于近期发生暴动,如果发生民变,德川家康会支援你。果然,十分痛恨河尻秀隆暴政的甲斐国国人发动暴乱,攻击河尻秀隆。河尻秀隆认为暴动是本多信俊挑唆所致,于是乘本多信俊沉睡之际将其刺杀,但河尻秀隆最终也被暴民所杀。甲斐国随之大乱,成了无主之地。甲斐、信浓、上野三国至此均已没有了国主,于是北条氏政、德川家康、上杉景胜三方趁机对此三地展开了激烈争夺。

---

① 森长可将当时投降的部分信浓国人的妻子、儿女作为人质。——译者注

第2节 德川氏、上杉氏、北条氏的争斗

一、德川氏的信浓经略

最先向信浓国出手的是德川家康,在得知织田信长被杀的消息时,德川家康正在和泉国的堺①游览。德川家康随即派信使从堺出发去给远江国二俣城的依田信蕃送信,命其立即赶赴信浓国,召集故旧占领信浓国。依田信蕃原为信浓国芦田城城主,替甲斐国武田氏②镇守远江国二俣城。在织田信长征讨甲斐国之时,德川家康让依田信蕃假意投降,然后暗中保护依田信蕃。织田信长在攻打甲斐国的过程中,将甲斐国投降的所有将士全部斩杀。依田信蕃因为被德川家康藏到了二俣城附近从而逃过一劫,所以依田信蕃十分感谢德川家康。德川家康利用这一点,指派依田信蕃替自己征讨依田信蕃的故国。依田信蕃聚集了约数千人,以芦田城为据点,开始对芦田城周边展开攻打。

织田信长本意想要铲除武田氏的所有遗臣,但其中不少人得到了德川家康的暗中保护,被隐藏在了近江,其中便有依田信蕃。本能寺之变后,德川家康派这些人回到甲斐、信浓两国为自己活动。这些人向德川家康奉上誓约书,誓死忠心不二——誓约书全文被收录在《滨松御在城记》中。文中有有关下条兵库助③

---

① 大阪的一个地方。——译者注
② 武田胜赖。——译者注
③ 即下条赖安,日本战国时期武将。兵库助为下条赖安担任过的官职名。——译者注

的记载，此人便是下条信氏①之子下条赖安，是信浓国伊奈郡的豪族，此时已经与德川家康合作。德川家康让下条赖安坐镇近江国，负责指挥甲斐、信浓两国一带的浪人进行活动。其实，信浓国的豪族并不愿意与德川家康为伍，但其领主小县郡的祢津信光②此时已经向德川家康送信表示忠心。天正十年（1582年）七月十四日，德川家康给祢津信光回信，同意了祢津信光的归顺请求，双方进而订立了盟约。此外，伊奈郡松尾城城主小笠原信岭也亲自拜见了德川家康，表示愿为德川家康效命。小笠原信岭曾在织田信长征讨甲斐国时投降，后又归顺饭田城城主毛利秀赖。织田信长采取的是消灭所有甲斐国遗臣的政策，命令毛利秀赖杀死小笠原信岭。于是，毛利秀赖假托茶会之名引诱小笠原信岭前来，小笠原信岭觉察到了毛利秀赖的意图之后随即潜逃，后隐匿于木曾山中。织田信长自杀之后，毛利秀赖所处的形势变得极其不利，于是开始西上避难。逃脱毛利秀赖迫害的小笠原信岭一度来到松尾城，此后又于天正十年六月十四日赶赴骏府城拜见德川家康，表示愿归顺德川家康，乞求德川家康予以支援收复旧土。德川家康表示同意，准许小笠原信岭将来恢复故土。

　　诹访氏曾经因与武田信玄对立而失去领地，于是也打算趁织田信长之死返回故地，聚拢旧臣，恢复故土，诹访氏为此首先占据了高岛城。天正十年（1582年）六月二十八日，德川家康的部将酒井忠世派出使者前往招降诹访氏。

---

① 下条氏为甲斐国武田氏的家臣。——译者注
② 根津昌纲。——译者注

信浓国深志城城主小笠原贞庆也归顺了德川家康。小笠原贞庆之父小笠原长时被武田信玄打败之后，于天文十七年（1548年）开始了漂泊。小笠原长时当时在会津，但小笠原贞庆不知所踪。留守故土的旧臣四处寻找小笠原贞庆，准备在恢复旧领的同时立小笠原贞庆为城主。然而，因为不知小笠原贞庆行踪所在，无奈之下只好将小笠原长时的弟弟小笠原贞种从越后国接回，之后立小笠原贞种为深志城城主，从而恢复了旧领。当时，小笠原氏与上杉景胜一方发生战争，由于上杉景胜一方兵力强盛，小笠原氏一方战败。众人不甘心失败，继续寻找小笠原贞庆。后经过一番奋战，小笠原氏一方赶走上杉景胜的军队，同时也废掉并驱逐了小笠原贞种。为真正光复深志城，众人仍旧继续不断地寻找小笠原贞庆的行踪。天正十年（1582年）七月十一日，小笠原贞庆被找到。小笠原贞庆回到故土后，开始与德川家康联手。自小笠原长时丢掉深志城距今长达三十三年之久，后来深志城改叫松本城，便是今天的长野县松本市。

此后，德川家康开始通过各种方式经略信浓国。德川家康首先派遣忠于自己的浪人在信浓国内四处活动，对当地豪门旧族展开利诱以为己用。他将信浓国十二郡分封给了酒井忠次，让其代为全权经营。酒井忠次到信浓国赴任后，要求诹访赖高听命于自己。诹访赖高表示拒绝，认为自己已经归顺德川家康，自然不会听命于德川家康的手下酒井忠次；如果非要他听命于酒井忠次，那么他宁愿归顺北条氏政，并将此意图写成书信送给了北条氏政。酒井忠次于是联合大须贺康高、大久保忠世等人围攻高岛城，但未能攻克。小县郡祢津城城主祢津信光通过大须贺康高给

德川家康送去一封书信，表示愿意归顺。至此，德川家康仅仅在六、七两个月间就已经将信浓国的大半收归己有，其速度之快让人瞠目。与此同时，上杉景胜也在为侵占信浓国而拼命活动，北条氏政也不甘示弱，如此便逐渐形成三家逐鹿信浓国的态势。

二、上杉氏的信浓经略

上杉景胜与德川家康一样，也想趁乱夺取信浓国。为夺取信浓国，上杉景胜采取的有据可查的初步行动是：信浓国武田氏旧臣小幡山城守栗田民部介等人上书上杉景胜，敦促上杉景胜尽快采取行动占据信浓国。上杉景胜回信表示同意。为使栗田民部介安心为自己效命，上杉景胜答应将山田城授予栗田民部介。自此之后，愿与上杉景胜结好的信浓国将士逐渐增多，上杉景胜也向他们许诺，将来会给予他们各种好处。仅据《景胜年谱》记载的有名有姓者就多达数十人，其中不乏距离越后国很近的水内、高井、更级、埴科等郡的守将。在这些地区的支持下，上杉景胜开始准备占领信浓国。天正十年（1582年）七月初，上杉景胜亲自率军前往埴科郡海津城，当时海津城守将为春日弹正忠[①]。上杉景胜的打算是，如果春日弹正忠同自己合作的话，就以海津城为据点占有信浓国。当时北条氏政也已经率军来到信浓国，春日弹正忠在看到北条氏政的强大实力之后，转而开始想与北条氏政结好。于是，春日弹正忠打算在川中岛地区截断上杉景胜的归路，与北条氏政一方共同夹击上杉景胜。上杉景胜事先获知了此消息，于是先发制人，在川中岛击溃了春日弹正忠。北条氏政所部虽然随后

---

① 即高坂昌信，又名春日虎纲，弹正忠是其官位名。——译者注

赶到，但已经于事无补，于是不战而退。上杉景胜遂获得川中岛四郡①，并令部将坂谷佐渡守留下监守四郡，自己则于天正十年（1582年）八月一日归国。相比于信浓国，上杉景胜更急于想要占领越中国，但因越后国当时发生了新发田因幡守②等人发起的叛乱，上杉景胜无法长时间驻留信浓国，于是上杉景胜先行撤军回国。

如上所述，上杉景胜之所以入侵信浓国，是因为信浓国内将领的敦促，上杉景胜只是对此做出了回应。与德川家康第一时间从堺发出征讨信浓国的命令相比，上杉景胜已经失去先机，因此两人的优劣之势尽显。

三、北条氏的信浓经略

北条氏直乘在上野国击溃泷川一益之机顺势侵入信浓国后，武田氏的旧将真田昌幸、春日弹正忠等十三人前来投靠，北条氏直开始对依田信蕃据守的芦田城展开攻击。依田信蕃一早便在德川家康的命令之下进入信浓国，然后据守芦田城。由于芦田城地势险要，久攻不下，北条氏直于是留下大道寺政繁继续攻打芦田城，自己则率军朝诹访郡而去。诹访赖忠当时背叛德川家康转投北条氏一方，因而在德川家康攻打高岛城时，北条氏直自然要出兵前往营救诹访赖忠。至此，北条氏政、德川家康两方开始直接正面发生冲突。

自此，德川家康、北条氏政、上杉景胜三方开始围绕信浓国形成三雄逐鹿之势。德川家康占领了伊奈、筑摩、小县的诸郡

---

① 水内、更科、高井、埴科。——译者注
② 指新发田重家，原为上杉氏家臣。——译者注

及佐久郡的一部分，上杉景胜则占领了水内、高井、埴科、更级四郡，而北条氏政一方仅占领了佐久郡的一部及诹访郡。由此来看，德川家康所占地盘最大，因此将来信浓国也必将落入德川家康之手。

四、德川氏、北条氏与甲斐国

德川家康已于天正十年（1582年）六月三日派冈部正纲攻入甲斐国，并加强了对骏河国兴国寺城的防守，同时，对足鹰山山麓的天神川城城墙进行修缮并加强防守。德川家康的上述一系列动作，是为了防备北条氏政前来攻打甲斐国。六月二十八日，德川家康派大须贺康高与冈部正纲为先锋，进入甲斐国并于甲府城列阵，随后又派大久保忠世、酒井忠次等人从骏河国出发攻入甲斐国东八代郡，并于姥口列阵，同时又派遣武田氏的旧臣前往劝降诹访赖忠。七月三日，德川家康从滨松城出发，于七月五日到达骏河国江尻城。德川家康命令本多重次防守江尻与久能二城，以此来阻断北条氏政攻打甲斐国的通道。七月八日，德川家康从骏河国的吉原来到甲斐国八代郡的精神[①]，七月九日到达甲府城。诹访赖忠当时已经背叛上杉景胜而转投北条氏直，因而北条氏直欲率领大军直接进入诹访郡。当时，德川家康诸将已经解除了对高岛城的围困，退到乙骨列阵。北条氏直凭借自己兵力众多的优势对德川家康众将展开追击，众将随即退守至新府城，北条氏直则继续进兵并在若神子城列阵。当时，德川家康让鸟居元忠继续留守甲府城，而自己则从甲府城转移至新府城。北条氏忠当时

---

① 日本地名，具体位置不详。——译者注

已经攻取了甲斐国都留郡,想要进而攻打甲府城。北条氏直也打算从若神子城进兵攻击甲府城,然后与北条氏忠合力夹击德川家康。德川家康得知此事后,打算在敌方进军路线上筑起壁垒进行拦截。北条氏忠越过三阪峠列阵姥口山,鸟居元忠得知此事后通知了水野胜成,双方夹击之下大败北条氏忠——北条氏直与北条氏忠夹击甲府城的策略就这样被迫终止;此后两军开始对峙,一时胜负难分。在若神子城列阵的北条氏直与驻守新府城的德川家康此时也正在对峙,对峙时间长达数月,史称"若神子之阵"。北条氏政见北条氏直与德川家康一直胜负不分,于是便从伊豆国发兵侵入骏河国,袭扰德川家康的边境地区。当时,本多重次正占据江尻城,负责整个骏河国的防务,便命令向井正纲率水军,而自己则亲率陆军,水陆并进夹击北条军。北条军大败而逃,本多重次展开追击,一直追击至伊豆国并四处放火。此后,松平安亲攻打伊豆国并攻破佐野城,然后又屡次攻打三岛、韭山二城,此后双方战斗进入胶着状态。天正十年(1582年)十月,织田信雄预料到丰臣秀吉与柴田胜家之间会有变故发生,于是屡屡遣人给德川家康送信,劝其与北条氏直讲和,然后援助自己。德川家康听从了织田信雄的建议,北条氏直也自认为难以战胜德川家康,于是双方讲和互相交换俘虏。北条氏直将所占甲斐国的都留、信浓国的佐久二郡让于德川家康,德川家康则把上野国的沼田郡让于北条氏直。此外,双方约定将德川家康之女嫁予北条氏直为妻,并于十月二十九日成亲,随后北条氏直退军。至此,甲斐国的全部及信浓国的大部分已归德川家康所有,这便是德川家康乘本能寺之变最先获得的新领土。此时,在冈部正纲的劝说下,德川家

康为武田胜赖①夫妇在田野乡建造了景德院,并将田野乡捐赠给了景德院,以此来凭吊武田胜赖夫妇。德川家康此举对收买甲斐国人心具有极大的好处。德川家康还将武田氏的旧领地甲斐国的下郡山及骏河国的河东郡,划分给了武田氏同族的穴山信君之子穴山胜千代,并让其改换姓名为武田信治,以此来保留了武田氏这一名门。由于穴山胜千代于十五岁便英年早逝②,天正十八年(1590年),德川家康将自己侧室所生之子万千代改名为武田信吉,并将其分封至水户城。当然,德川家康所做以上种种,均是为了收买甲斐国人心。在武田氏灭亡之后,其亲族遗臣害怕织田信长报复,均在德川家康的庇佑之下蛰伏起来,德川家康十分优待这些人。据《滨松御在城记》记载,其中有多达八百九十五人宣誓效忠德川家康。

德川家康占领甲斐国之后,于天正十年(1582年)十二月将成濑正一、日下部定好任命为甲斐国奉行,让二人专门负责民政事务。同时,又给甲斐国的诸将士颁发朱印状,一一授予他们领地。在武田时代,有个叫守随彦太郎的人负责制造称量工具,德川家康占领甲斐国后重新启用此人,仍让其负责制造称量工具。德川家康"关东入国"③之后,一直让其掌管关东八州④与制造称量工具。庆长年间有个叫神谷善四郎的人在京都负责称量标准制定事务。当时在日本有两种计量方式并存,东部三十三国使用

---

① 甲斐国国主,天正十年(1582年)三月与正室自杀于田野乡。——译者注
② 死于天正十五年(1587年)。——译者注
③ 指1590年德川家康进入江户,即今东京。——译者注
④ 关东八国。——译者注

守随氏衡器,西部三十三国使用神谷氏衡器,这种情况一直持续到幕府时代。为了加强甲斐、信浓二国的防卫,德川家康让平岩亲吉等人镇守甲府城,让大久保忠世负责镇守信浓国佐久郡,命柴田康忠坐镇高岛城,部署完毕之后德川家康返回滨松城。天正十一年(1583年)四月,德川家康巡视甲斐国,下令甲斐国的制度、法规等全部恢复到武田时代的旧制,并且将原武田氏的众多"役人①"再次启用。

德川家康让武田氏的旧将屋代胜永、真田昌幸、依田康国等人继续镇守信浓国,仅指派自己的部下柴田康忠参与信浓国的防务工作。民政事务则委派武田氏的遗臣荻原昌友、吉村定盈等九人共同负责。对于新占领的甲斐、信浓两国,德川家康基本上采用继续留用旧人的策略——之所以这样做,是因为两地的民众对武田时代治国理政的政策评价很高,如果轻易改换规制则难以让百姓服从;因此,德川家康不仅没有改变武田氏原有的治理模式,还尽量留用了原来的工作人员。庆长五年(1600年)的关原之战后,德川家康将其子德川义直分封至甲斐国,之后又将德川义直转封至尾张国,然后在甲斐国设置奉行一职代为管理。元和二年(1616年),德川家康又把德川秀忠之子德川忠长分封至甲斐国负责管理。后来,德川家康便没有再将自己的亲族分封到甲斐国,而是以设置"奉行"或"城代②"的方式进行管理。甲斐国后来最终成了德川幕府的直辖地。

---

① 官府的工作人员。——译者注
② 日本战国时代在战时留守或平时进行管理某城的官员。——译者注

第3节 丰臣秀吉与德川家康的交涉

如上所述，德川家康、北条氏政、上杉景胜三人均乘本能寺之变开始进行领土扩张。在三氏争夺甲斐、信浓二国期间，丰臣秀吉在贱岳打败柴田胜家，基本上将近畿诸国全部平定，他的声望也随之变得空前高涨。北条氏政、上杉景盛均派出使者向丰臣秀吉祝贺，据《秀吉记事》记载，德川家康也派人前往祝贺，并想与丰臣秀吉修好。天正十二年（1584年）一月，见丰臣秀吉名望越来越大，织田信雄心中十分不平，于是联络越中国的佐佐成政，想要共同讨伐丰臣秀吉，同时请求德川家康进行支援。德川家康比较重视与织田信长的旧谊，于是同意了织田信雄的请求，但一直让织田信雄在自己前面，从正面对抗丰臣秀吉。当时，北条氏政想与德川家康通过联姻的方式结盟，但德川家康担心北条氏政随时会反目。为了专心对抗丰臣秀吉，德川家康事先做了不少准备，以防备北条氏，如让松平康重镇守骏河国沼津城，牧野康城防守三河国长久保城，松平家成坐镇骏河国兴国寺城，高力清长坐守田中城。与此同时，德川家康让平岩亲吉、鸟居元忠防守甲斐国，大久保忠世、保科正直守卫信浓国，以此来防备上杉景胜。

在做好了对北条、上杉氏的充分防守准备之后，德川家康率领大军出发前去支援织田信雄，这之后小牧之战便爆发了。不久之后对阵双方讲和，因彼此都清楚对方的实力，都没有再轻举妄动、擅自用兵。此后双方虽然运用了各种谋略，但都没能让对方屈服。随着时间的推移，双方的关系又开始逐渐紧张起来。起因是德川家康的部将、负责防守冈崎城的守将石川数正暗通丰臣秀

吉，并于天正十三年（1585年）十一月十三日逃离冈崎城，赴京都[①]拜见了丰臣秀吉。丰臣秀吉将信浓国松本城的十万石之地授予石川数正，随后又将其分封至和泉国。此外，信浓国的真田昌幸也与丰臣秀吉通好，拥立武田信玄的次子龙芳[②]为主公并起兵，欲夺取甲斐国。为攻打德川家康的属城高远城，信浓国深志城城主小笠原贞庆也通过石川数正与丰臣秀吉结好，同时也与上杉景胜通好。丰臣秀吉在暗地里支持这些人背反德川家康的同时，派人前往冈崎城会见德川家康，表示双方既然已经议和，德川家康按照礼节应该进京。因害怕有变，德川家康没有同意。德川家康对使者表示，去年小牧之战时打败了不少丰臣秀吉的爱将，虽然现在已经讲和，但丰臣秀吉心中必定尚未释然，因此自己不敢轻易赴京。在德川家康明确表示拒绝进京之后，使者随即返回向丰臣秀吉复命。

德川家康担心的是，因为自己拒绝了丰臣秀吉的要求，丰臣秀吉必然会亲自前来讨伐。丰臣秀吉果然十分生气，打算再次起兵东征德川家康。天正十三年（1585年）十二月，德川家康集合手下将领商议御敌之策。德川家康认为，既然石川数正已经投降丰臣秀吉，恐怕丰臣秀吉已经知晓了自己的用兵策略和军事部署，因而必须改变既定策略。德川家康要求部下坦诚地阐述自己的意见和对策；同时，为参考学习武田信玄的用兵之道，德川家康于天

[①] 上文提到的是大阪。——译者注
[②] 即海野信亲。海野信亲为武田信玄的次子，武田义信的同母弟，武田胜赖的异母兄。——译者注

正十三年（1585年）十二月一日命令甲斐国守备平岩亲吉及同国郡代①鸟居元忠负责研习武田信玄的军政方略。正在此时，武田氏的旧将折井次昌将原先武田信玄及其弟武田信繁下发的军令状、各属国的政令条目献了出来，荻原昌友、原大隅则呈献了元龟元年（1570年）及元龟二年（1571年）武田信玄制定的《兵制遗宪》一书。同时，德川家康下令井伊直政的部下及新归顺的甲斐国将士们广泛搜集有关武田氏的军政资料，还命令诸将士向甲斐国旧将今井胜利、远藤右马助、曾根清正三人学习武田信玄的兵法。如上所述，德川家康为了抵抗丰臣秀吉而努力研习各种兵法。不久之后，德川家康对诸将进行了重新部署，并重新编成了一支新军——酒井忠次所率五千人为第一军，大须贺康高所率五千人为第二军，本多忠胜、榊原康政各统帅五千人为第三军、第四军，德川家康麾下直辖八千人为中军，井伊直政、平岩亲吉各领五千人为左右两军；石川家成为殿军，统领三河、远江、甲斐、信浓、骏河各国共四万三千人，并各分出数千人负责守卫各个城池。德川家康询问群臣："冈崎城是我先祖发祥之地，亦是朝廷前来征讨必经之要冲，谁堪任守卫之职？"本多正信表示，堪当此任者必须有城破之时杀妻灭子、舍己身以取大义之觉悟者。于是，德川家康派本多重次镇守冈崎城。从上述德川家康的部署与计划来看，便可推知德川家康决一死战的决心之大。当丰臣秀吉看到德川家康有如此之决心后，认为对德川家康用兵难以取胜，于是便改变策略，转而采取和平手

---

① 日本幕府直辖领地中主要负责民政的官职名，其地位在地方官吏中较高，俸禄一般在10万石以上。——译者注

段——如前所述,丰臣秀吉对德川家康的怀柔手段之一便是将自己的妹妹嫁给德川家康。如此一来,天正十二年(1584年)以来双方剑拔弩张的局势就这样戏剧般地被化解了。

第4节 北条氏的战争准备

得知丰臣秀吉与德川家康讲和的过程后,北条氏政认为丰臣秀吉必然也会督促自己进京,并且自己与丰臣秀吉谈判的成败也将是和与战的关键所在。北条氏政认为自己与德川家康不同,自己国大兵强,是关东的真正霸主,不会轻易屈服于丰臣秀吉,因而下决心要通过武力与丰臣秀吉一决高下。丰臣秀吉与德川家康讲和之后便准备征讨九州,并没有时间与北条氏一方进行交涉。天正十五年(1587年)七月,丰臣秀吉征服九州班师凯旋。北条氏政认为丰臣秀吉接下来必然要起兵东征,并为此做了充分的战争准备。北条氏政打算首先征服下野国,同时整修军备。北条氏虽然已经基本平定了关八州①,但尚未完全平定下野国。当时,下野国的宇都宫氏等大族与长陆国的佐竹义重等联合起来一起对抗北条氏,北条氏打算乘丰臣秀吉未来之际全面征服下野国,以巩固自己的势力。天正十三年(1585年)四月,北条氏直亲自率军进入下野,攻下藤冈、壬生二城之后,壬生义雄投降。皆川城城主皆川照广向佐竹义重告急求援,佐竹义重率七千人赶到宇都宫城,与

---

① 关八州是指日本关东的九个藩国:上野(上州),下野(下州),相模(相州),伊豆(豆州),武藏(武州),常陆(常州),上总、下总(总州),安房(房州)。因为上总、下总的俗称均为"总州",所以是"关八州"。——译者注

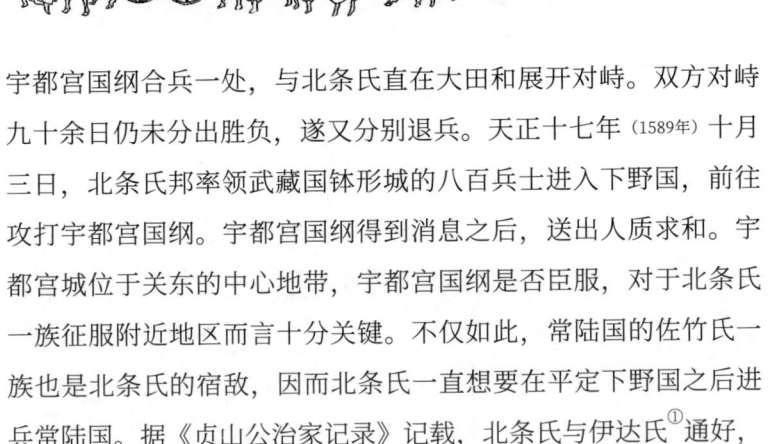

宇都宫国纲合兵一处，与北条氏直在大田和展开对峙。双方对峙九十余日仍未分出胜负，遂又分别退兵。天正十七年（1589年）十月三日，北条氏邦率领武藏国钵形城的八百兵士进入下野国，前往攻打宇都宫国纲。宇都宫国纲得到消息之后，送出人质求和。宇都宫城位于关东的中心地带，宇都宫国纲是否臣服，对于北条氏一族征服附近地区而言十分关键。不仅如此，常陆国的佐竹氏一族也是北条氏的宿敌，因而北条氏一直想要在平定下野国之后进兵常陆国。据《贞山公治家记录》记载，北条氏与伊达氏[①]通好，二者遥相呼应意图挟制佐竹氏。由此来看，北条氏的主要意图是：首先挟制住背后之敌不让其轻举妄动，从而专心对付来自上国[②]之兵。

天正十六年（1588年）一月八日，北条氏向武藏国高丽郡篠井村观音堂下令，让其召集"山伏[③]"，并给他们分配了任务。观音堂是山伏的大本营，北条氏在给观音堂的令状中写道："欲御天下，在于弓箭[④]。"此话自然是要准备与丰臣秀吉进行决战之意。山伏们在后来的战争中的确发挥了不少作用，比如侦察敌情及作为使者送信等。一月九日，北条氏命令多摩郡西户仓乡所有男子前来支援协助，一月十一日北条氏又命令同郡的三泽乡所有男子担任支援协助工作，此外还有很多类似的命令发布。由此推断，北条氏应该给所有属国都下达过类似命令。用如今的话来讲

---

① 当主（即家族的负责人或掌权者）伊达政宗。——译者注
② 指朝廷，其实主要是指丰臣秀吉。——译者注
③ 在山野之中修行的僧人。——译者注
④ 指武力。——译者注

便是，向全国下达战争动员令，征调民兵。按照《相州文书》记载，北条氏明令每乡征调精兵四人，由此可知北条氏事先已经做好了有一场大战要打的准备。同时北条氏还加强了对伊豆、相模的海岸线的防御——在伊豆国的下田筑城，然后选清水上野介正令为城主，防备可能会从西面进攻的水军。当时给清水上野介正的令状中有"西国势必由此进兵"字样——果不其然，后来丰臣秀吉的水军的确从此处来攻，与清水上野介正发生激战。北条氏还加强了兵器的制造，并为此铸造了不少火炮。天正十六年（1588年）一月五日，北条氏征调了武藏国入间郡前久保村茂吕八幡宫的大钟，用于铸造火炮。令状中写道："为备天下之战征调贵社①之钟。"由此可以推测，其他寺庙神社的撞钟也应该多被征用。据《相州文书》记载，天正十六年一月十六日为铸造铁炮而向大矶征调泥土，共使用二十四匹马将泥土运往小田原城。此外，天正十七年（1589年）十二月三日，北条氏命令须藤惣左卫门②铸造大炮。后来的小田原之战中防守用的大炮，想必便是此时所造。此外，北条氏还加强了粮草储备。埼玉郡东村铃木治右卫门所藏《武州文书》记载，北条氏曾向岩槻领内征收粮食进行储藏；比企郡下八林村旧家乡助③所藏文书中亦有类似记载；同样，有关征调兵粮的文书在武藏国、相模国也多有发现。北条氏还加强了城池的修筑工作。根据比企郡上伊草村《助太郎文书》及其他资料显示，北条氏下令修筑了以下总国关宿城为首的诸多城池。根据比企

---

① 八幡宫。——译者注
② 须藤盛永。——译者注
③ 人名。——译者注

郡下八林村旧家乡助所藏资料显示，北条氏召集乡民守卫小田原城，并一一安排了各人所负职责。有关类似的文书还有很多，其内容大多比较零碎，但由此可推知北条氏在储备兵器粮草、修筑城池、加强防守等方面的备战情况。同时，由此可知，北条氏从天正十五年（1587年）、天正十六年（1588年）就已经开始备战，足见其决心之大。

第5节 北条氏政与丰臣秀吉的交涉

与德川家康议和之后，丰臣秀吉便准备征讨九州。天正十五年（1587年），完成征讨九州之后，丰臣秀吉便开始着手处理关东问题，由此揭开了与北条氏进行交涉的序幕。如前所述，天正十六年（1588年）四月，丰臣秀吉将诸将召至聚乐第恭迎后阳成天皇行幸，德川家康也为此启程赴京。有关北条氏一族的处理问题，丰臣秀吉向德川家康征询意见。根据《家忠日记》天正十六年四月二十八日记载，天正十六年四月二十七日德川家康从京都一回国便向北条氏转达了此次赴京的情形，并表示，从京都得到的消息来看，关东问题已无法和平解决。同样，《家忠日记》天正十六年五月六日的记载显示，北条氏欲断绝与朝廷[①]的交涉。但在五月十日的记述中又称"相安无事"，由此可以推断德川家康应该是进行了居中调停。此后，经过几多波折，北条氏直派遣其叔父北条氏规出使进京。同时，德川家康率副使榊原康政、成濑藤八于

---

① 实指丰臣秀吉。——译者注

天正十六年五月十七日赴京。五月二十二日，丰臣秀吉将北条氏规邀请至聚乐第，同时让盛护院宫、菊亭右大臣①、大纳言劝修寺晴丰等公卿，以及织田信雄、德川家康、丰臣秀长、浮田秀家、毛利辉元、细川忠兴、大友宗麟、岛津义久、小早川隆景等诸大名共同出席。这些人均位极人臣，他们的官职分别是三位大、中纳言，四位②，并且全部身着官服；反观北条氏规因无官位，只能头戴乌帽，身着直衣③，据《吉川家使臣略记》记载，北条氏规位列客席之末向丰臣秀吉行参见之礼。有人认为，丰臣秀吉以如此盛大的排场接见北条氏规，一方面显示对他的重视，另一方面也可以认为是对于北条氏规的侮辱。后者的理由是，丰臣秀吉意图通过如此盛大的场面来展示自己的威严及朝廷的尊贵，以此来迫使北条氏政、北条氏直父子赴京。北条氏规向丰臣秀吉请求称，如果能够将上野国沼田城从真田昌幸手中要回，并按照与德川家康的约定，将上野国全部归于北条氏治下的话，北条氏政父子二人之中必有一人进京。丰臣秀吉以不了解沼田城治下领地大小，让北条氏派遣了解详情的人前来说明为由，匆匆打发北条氏规回国复命。北条氏规回到小田原城后，将丰臣秀吉的意思传达给北条氏直父子。于是，北条氏直派遣板部冈江雪斋前往大阪，向丰臣秀吉解释了沼田城治下领地及历史缘由，并表示次年（1589年）十二月北条氏直必然会进京。丰臣秀吉许诺将沼田城让于北条氏，并要求来年北条氏直一定如约进京，然后让板部冈江雪斋回

---

① 菊亭晴季。——译者注
② 均为官职名称。——译者注
③ 相对一般的礼服。——译者注

去复命。第二年(1589年)六月，丰臣秀吉派遣妙音院及一鸥轩的两人来到小田原城，敦促北条氏政父子进京。北条氏直给丰臣秀吉回信，在书信中明确表示，父子二人之中一人必将于天正十七年(1589年)十二月进京，同时请求进京前要先得到沼田八万石之地。《老人杂话》记载显示，丰臣秀吉准备答应北条氏的要求，但遭到了手下大臣的反对。但丰臣秀吉认为，因区区八万石之地而劳师动众大动干戈实非明智之举；反之，如果自己答应了北条氏直的要求而其仍拒不进京的话，则责任便在北条氏一方，此后便可名正言顺地出兵，而且因师出有名必然士气高涨。于是，丰臣秀吉同意了北条氏的要求。天正十七年七月，丰臣秀吉派富田一白、津田隼人正[①]前往信浓国上田城游说真田昌幸，让其将上田城让于北条氏。在此之前，二人先来到骏府城向德川家康传达了丰臣秀吉的意见，于是德川家康派榊原康政与二人共赴上田城面谕真田昌幸。真田昌幸表示同意，但同时提出，沼田城附近的奈胡桃城[②]有真田家世代祖先的墓地，除此之外可全部让于北条氏。北条氏随后让武藏国钵形城城主北条氏邦前往沼田城担任城主。同时，真田昌幸也派遣兵马前往守卫奈胡桃城。天正十七年十一月，北条氏将伪造的真田昌幸的书信送给奈胡桃城守将铃木主水，命令其前往信浓国上田城。铃木主水不知有诈，按照命令出城，在前往上田城途中感觉有诈，于是便折返而回，奈何此时奈胡桃城已被北条氏攻占。真田昌幸闻讯大怒，遂向德川家康报告

---

① 津田盛月，武将、大名。"隼人正"为官职名。——译者注
② 亦称名胡桃。——译者注

了此事。德川家康同样大怒，决定出兵讨伐北条氏。北条氏直于是派遣石卷敬康前往谢罪，表示奈胡桃之事全为部将瞒着北条氏政父子擅自所为。但德川家康没有听信北条氏直的说辞，随即下令扣留了石卷敬康。

丰臣秀吉仍然想做最后努力，于是派遣富田一白、津田隼人正再次前往督促北条氏政父子进京。北条氏直托两位使者给丰臣秀吉带去书信，表示来年（1590年）正月一定赴京。《诸家感状录》所载的北条氏直在给丰臣秀吉的书信中说，当初德川家康进京之时，丰臣秀吉将其妹嫁于德川家康，将其母大政所抵押为人质，而对于北条氏政父子进京一事却只是一味高压督促，实在让人心中不平。很明显，这不过又是北条氏政父子不愿进京的托词而已。北条氏直同时又向德川家康发去一封书信，请求其居中调停。总之，北条氏政父子从一开始便无进京之意，只是在表面上做出愿意进京的样子而已，并屡次借故拖延时日来加强战备。事到如今，双方已经没有继续交涉的余地，一切只能诉诸于战争。天正十七年（1589年）十二月十日，德川家康进京拜见丰臣秀吉商议征讨关东一事。不久之后，丰臣秀吉对北条氏宣战。

第6节 宣战与出师准备

丰臣秀吉一直要求北条氏赴京而北条氏却一直推脱，不仅如此，北条氏还向丰臣秀吉索要沼田城。丰臣秀吉答应了北条氏的要求，北条氏父子却仍然拒不进京。更有甚者，北条氏还诈取了奈胡桃城，并屡屡托词迁延时日拒不进京。最终，丰臣秀吉下

定决心征讨北条氏。为师出有名,丰臣秀吉先命右大臣菊亭晴季及相国寺长老①承兑起草战书。据承兑的《日用集》记载,战书草案出自菊亭晴季之手,全文被收录在《言经卿记》及《小田原日记》等书中,而且此战书也被发送给了诸侯,因而也多被收录进各诸侯家的文书之中。战书由五条构成,其主要意思是北条氏蔑视公仪拒不上京,其罪当诛;德川家康居中调停为其脱罪,仍再三托词背离誓约;甚至诈取奈胡桃城,实在无法无天。战书的最后部分是丰臣秀吉自身的经历:自己原为织田信长手下一无名小卒,身经百战方平定天下之乱,在此期间未曾有一言失信于天下,上承天命下顺民意,方升关白尊位而日理万机。"今汝氏违背天道对抗王师,故奉皇命讨伐汝等。以来岁为期,必将进兵斩杀汝首。"落款为天正十七年(1589年)十一月二十四日,致北条左京大夫②。丰臣秀吉复述自己的履历,并非仅仅是为了自夸,而是因为当时的岛津氏及北条氏等各大诸侯,都看不起丰臣秀吉的出身。丰臣秀吉想要通过详述自己的出身来表明,自己起于贫贱而达高位是天命人心之所归,是天授而绝非仅靠人力。丰臣秀吉首先派遣新庄赖直将战书送给德川家康,随后经德川家康又转交给北条氏。之后,丰臣秀吉发出命令,命畿内、东海、东山、南海、山阳、山阴、北陆地区各国共计出兵二十六万,不论路途远近均要求以次年(1590年)三月为期于小田原会合。同时又命令长束正家准备军粮二十万石及黄金一万枚,并从伊势国、三河国、尾

---

① 日本的部分佛教宗派对高僧、前主持的敬称。——译者注
② 指北条氏政,"左京大夫"为官位。——译者注

张国、远江国、骏河国等购入粮食运送至骏河国的江尻、清水城等小田原附近的港湾作为军需之用。北条氏政父子阅罢战书后破口大骂："丰臣一介匹夫，欺瞒其主公①遗孤而骗得关白之位，而今又挟天子以令诸侯，想要讨伐于我，实在狂妄之至。"但随后北条父子转念一想，认为丰臣秀吉大军压境必然粮草不济，如果以持久战应对，其必然不战而退。《小田原日记》记载称，北条氏嘲笑丰臣秀吉，认为丰臣秀吉必将像富士川里的水禽一样惊恐落逃。虽然如此，北条氏政父子及北条氏规还是在表面上向德川家康修书一封。据《御感证文集》记载，北条父子对丰臣秀吉在战书中的指责进行了辩解，同时请求德川家康从中调和，但没有起到任何效果。

天正十七年十二月四日，丰臣秀吉向毛利辉元、小早川隆景、吉川广家等各大名下令，要其做好东征的准备，并命令毛利辉元暂时留守京都，同时派小早川隆景率两千人防守尾张国清洲城，吉川广家率五百人守卫尾张国星崎城，做好来年（1590年）二月中旬出征的准备。得到命令后，毛利辉元下令国内大造战船，并悉数集结于严岛，以来年二月为期，启航向兵库进发。十二月十九日，大友义统下令国内做好东征准备，同时也开始修造战船。此外，丰臣秀吉下令四国、西国负责运送军粮等，在此期间无人敢对丰臣秀吉的命令有所懈怠。《上杉景胜年谱》《真田军功家传记》等收录的丰臣秀吉的朱印状显示，天正十八年（1590年）一月九日，丰臣秀吉从大阪来到京都，向上杉景胜传达了东征日

---

① 指织田信长。——译者注

期,命其从信浓国进军。丰臣秀吉又向真田昌幸下令,让其严密防守其国境。德川家康也于天正十七年十二月二十一日向部下传达了东征的日期,让各部做好出征的准备。丰臣秀吉还传令给下野国的宇都宫国纲、常陆国的佐竹义宣、出羽国的最上义光等,让他们率军前来会合。天正十八年二月二日,丰臣秀吉派前田利家给伊达政宗送去书信,通告了自己的出征日期及将要从下野国出兵、从背后攻击小田原城的作战计划,希望伊达政宗予以配合,并嘱咐其切莫错失良机。在此之前,下野国佐野城城主佐野宗纲已经战死,因其没有子嗣,于是家臣们商议让北条氏政之弟北条氏忠继任城主。然而,佐野宗纲有个叔父叫了伯①,住在佐野天德寺,了伯因与寺内众人关系不和而出走京都,后住在新黑谷。丰臣秀吉想利用了伯,于是便对其进行了招纳,命其归国起兵攻取佐野城。了伯随即回国,旧臣们争相迎之。在夺取佐野城后,了伯修书一封送给关八州的将士,传达了丰臣秀吉将会师小田原的消息。总之,丰臣秀吉对下野国以东奥羽国诸将也下达了命令,要求他们共同征讨小田原。丰臣秀吉同时威胁称,若有不从者,等平定小田原后必将兴师问罪。

第7节 军用道路

丰臣秀吉发现,路途不便给大军进发带来很大困难,于是命

---

① 即佐野房纲,号"天德寺了伯"。——译者注

令增田长盛在加茂川①上新建了一座石桥,名曰三条桥。三条桥共使用三十三根"五寻②"长的石柱作为桥墩,据说是日本第一座这种类型的石桥。后来丰臣秀吉在攻打朝鲜时,为扩宽道路而所架石桥便是以三条桥为原型的。

据《家忠日记》记载,为保证行军顺利,德川家康也命人在富士川上或架设舟桥,或修筑道路,这恐怕也是丰臣秀吉的命令。丰臣秀吉命令东海道各国,在每个驿站备好马五十匹待命,同时在每个驿站配置"飞脚③"多名以便随时飞马传书。丰臣秀吉同时制定三条军规,以防扰乱军纪及贪污事件的发生。军规规定:凡犯禁者,即便贪腐"一钱"也将处斩,因此被称为"一钱切④"。"一钱切"一词最初便是源于丰臣秀吉的这一军令,但"一钱切"是否还有没收犯禁者全部财产的意思呢?现在已不甚明了。总之,丰臣秀吉军规严格,不容许任何人有秋毫触犯。

丰臣秀吉有个习惯,在大军出发之前,必要先调查敌方的山川地理,然后绘制详细的作战地图。如《秀吉记事》所述,在征讨根来时,丰臣秀吉便派出斥候对敌方的地理情况进行了摸查,甚至仓库、泊船、系马之处也都有详细记录。此次征讨小田原,丰臣秀吉同样先让人绘制了关东地图,并分发诸将让其随身携带以为作战之用。同样,据《长政日记》记载,天正十八年(1590年)七月三日,丰臣秀吉在给浅野长政的书信中也明确表明,已绘制

---

① 发源于今千叶县鸭川市西部,向东流入太平洋。——译者注
② 1寻约合1.83米。——译者注
③ 信使。——译者注
④ "切"在此为斩的意思。——译者注

了包括关东各城池在内的详细地图。后来，浅野长政在攻打忍城时久攻不下，最后终于在皿尾口找到空隙才得以突破。丰臣秀吉得知这一消息后，便立即拿出地图进行确认，并随即赞赏浅野长政作战处置之得法。此外，丰臣秀吉在向诸将分发关八州诸城位置图时，一并附上了各城主的姓名及兵力。《毛利文书》中有一份资料——《北条家人数附录》，将以北条氏政、北条氏直为首的北条一族各人所辖兵力数一一列出，甚至其帐下诸将姓名及兵员数也都有详细记载；而在《关东八州城之觉①》这份资料中，诸城的名称及城主姓名都有记载。由此可以推断，丰臣秀吉为了准备这次战争做了十分周到的计划，务必做到万无一失。

　　诸将按照既定计划率领军队从各国出发。天正十八年（1590年）二月一日，毛利辉元、吉川广家、小早川隆景率军从各自封国出发，归由锅岛直茂直接指挥。二月十日，德川家康率领两万五千人从骏河国出发。德川家康的"使番②"常常打着画有"五"字标识的旗帜，后来德川家康阵中往往只要出现"五"字旗，其近旁必然有"使番"的存在，"五"字旗、"使番"就是出现在此时。二月二十日，前田利家父子从金泽城出发，上杉景胜从越后国出发，双方合兵一处之后共同进入信浓国，然后又与真田昌幸、毛利秀赖合兵一处，共计有三万五千人，随后大军一起进入上野国，准备从北面攻击关东。德川家康命松平康国为真田昌幸、毛利秀赖所率大军的向导。二月二十日，织田信雄到达骏府城。二

---

① "觉"在日语中为记忆、记住之意，在此为备忘之意。——译者注
② 在战场上负责传令、监视、出使敌军的人。——译者注

月二十七日、肋坂安治、九鬼嘉隆、加藤嘉明、长曾我部元亲等率水军来到清水港。二月二十八日，浅野长政从京都出发，后阳成天皇登楼目送。不久，浮田秀家从京都出发。西国诸将逐渐汇集到大阪之后，丰臣秀吉于三月一日亲率大军从京都出发。

第8节　丰臣秀吉出征

天正十八年（1590年）三月一日，丰臣秀吉率领大军从京都出发东征，后阳成天皇在四足门前架设高台，观阅丰臣秀吉大军出征。《御汤殿上日记》《晴丰公记》记载称，丰臣秀吉下马登上观览台拜别天皇。此前，丰臣秀吉出征九州也是定在三月一日，同样，后来的征讨朝鲜也选在了三月一日。由此可见丰臣秀吉认为三月一日是个良辰吉日，或者是因为三月的气候非常宜人。按照《太阁记》记载，当日丰臣秀吉的打扮是：金黑色胡须[①]，武士长刀插腰，故作年轻之状，给人一种异样的感觉。丰臣秀吉之所以如此打扮，或许是因为自身其貌不扬，需要这样的打扮来增加自己的威严。织田信长也很喜欢夸张华丽的装束——《信长记》记载显示，天正九年（1581年），在京都举行盛大的阅马式时，织田信长便头戴插花的"唐冠[②]"，画眉且腰上插着牡丹花，身着金丝银线织造的华丽衣物，身跨骏马之上——丰臣秀吉此举或许就是在模仿织田信长。天正十八年（1590年）三月十日，丰臣秀吉到达

---

① 当时有用蜡或松油给胡须定型的习惯。——译者注
② 带两根翅的帽子。——译者注

三河国吉田城，三月十九日到达骏府城。当时石田三成认为德川家康有不轨之心，因此劝阻丰臣秀吉不要进入骏府城，但在浅野长政的劝说之下丰臣秀吉最终还是进入了骏府城。丰臣秀吉离开骏府城之前询问草薙宫位置，并作和歌一首，将自己东征一事自比古时日本武尊东征[①]。三月二十三日，丰臣秀吉到达兴津城庆见寺。如《丰鉴》《清见寺文书》所载，丰臣秀吉对久负盛名的清见关、美保松原、田子浦等名胜进行了题咏。因此，此丰臣秀吉出征恰似游览一般，这与天正十三年（1585年）征讨佐佐成政时如出一辙。丰臣秀吉北征中途，曾致信常陆国的水谷蟠龙斋。信中写道："北国乍见物，秀吉令发足"，以及"富士一览之愿，今日终得实现"。此"富士一览"即征讨关东一意，丰臣秀吉故意将征讨关东一事轻描淡写为"富士一览"，可见丰臣秀吉在行军途中常常是作诗设宴观光游览。三月二十六日，丰臣秀吉到达富士川，德川家康已为丰臣秀吉的到来架起舟桥。丰臣秀吉将要渡桥之时，石田三成又想阻止丰臣秀吉过河，为此浅野长政先于众人过河，丰臣秀吉见状也随之过河。到达吉原之后，丰臣秀吉继续出发，于三月二十七日到达沼津城的三枚桥。三月二十八日，丰臣秀吉与德川家康一起登山，观察山中及韭山城的地形地势，并对照地图制定并部署了进攻路线。具体部署为：蜂须贺家政、福岛正则等诸将听从织田信雄指挥攻打韭山城；丰臣秀次率领中村一氏、田中吉政、堀尾吉晴、山内一丰、一柳直末等将领攻打

[①] 传说日本武尊力大无穷，善用智谋，于景行天皇执政期间东征西讨，为大和王权开疆扩土。——译者注

山中城;德川家康作为攻打小田原口的先锋,从一条叫元山中的小道向箱根山山中推进。当时,石田三成认为让德川家康做先锋有风险因而极力劝阻,浅野长政又为德川家康进行了辩解。石田三成对德川家康的多次猜疑,为后来的关原之战埋下伏笔。三月二十九日,丰臣秀次攻打山中城,破城并击毙守将松田康长。织田信雄在进攻韭山城时,北条氏规防守巧妙,致使一柳直末战死,福岛正则虽然力战终因兵力不支而败退。丰臣秀吉对北条氏规的善战之举赞叹不已,认为不可再行强攻,于是除了留下蜂须贺家政、中川秀政、森长可等诸将继续围困,便让其他诸将转而进军小田原。四月一日,丰臣秀吉亲自督军越过箱根山,另派堀秀政、丹羽长重、木村重兹、池田辉政等越过金日山,迂回进入小田原。德川家康的先头部队在箱根山行军时,因为山间道路全被北条氏事先破坏,德川家康于是命令"黑锹"修路(所谓"黑锹"指的是工兵,属武田信玄麾下,是德川家康特意从甲斐国召集而来。"黑锹"这一名称一直沿用至幕府时代,被称为"黑锹组",到幕府末期其一直驻守赤坂①)。至此,德川家康的先头部队迫使宫城野的守兵战败而逃,并在大破汤本、竹浦的守军后悉数进入小田原。四月三日,丰臣秀吉大军全部进入小田原,兵力号称有三十万之多。

北条氏政父子闻讯大惊,遂召集诸将商议对策。一派认为应出城一决雌雄,一派则认为应该坚守不出。老臣松田宪秀认为,"丰臣秀吉智勇绝伦,举天下之兵前来征讨,势不可当。往日上杉谦信、武田信玄前来攻打之时,北条氏康坚守不战,敌军粮尽

---

① 位于东京。——译者注

而退,我方趁势追击而大破敌兵。今丰臣秀吉远道而来必然粮草不济,我军对其日袭夜扰,待其粮尽兵疲引兵而退之际,我军再伺机而动追击敌军,则可不战而胜"。很多将领对松田宪秀的意见表示赞同,北条氏政最终采纳了松田宪秀的建议。岂料,松田宪秀却暗中与丰臣秀吉相通。松田宪秀向丰臣秀吉表示,城南石垣山地势较高,可俯瞰小田原城,可将阵地转移至此,并愿在攻城之时为丰臣秀吉做内应。丰臣秀吉大喜,于是命人在石垣山筑城,设置高墙及"楼橹①",并在墙壁上贴上白纸,让其看起来如同白垩一般。从小田原城中远望此城,让人误以为丰臣秀吉仅用一昼夜便筑城成功,众人因此大惊。

胁坂安治、加藤嘉明、长曾我部元亲等率水军向伊豆国下田城进发,城主清水上野介正虽然防守有力,但在舰炮的轰击之下兵败城破。与此同时,德川家康命令向井正纲率舰攻陷伊豆国田子城。随后,丰臣秀吉让胁坂安治等率舰航行至小田原城附近的海面之上,轰击城内。长曾我部元亲手下当时有个叫池六郎右卫门的人,此人用舰炮直接将城内的"楼橹"击倒。丰臣秀吉对其操炮技术大加赞叹,赏赐衣物钱财等让其与其他水兵分享。

攻入上野国后,前田利家、上杉景胜等开始围困松井田城,守将大道寺政繁力战不敌投降。天正十八年(1590年)四月二十日松井田城失陷,后箕轮、厩桥、石仓、西牧、高田、金山等城的守兵皆望风或逃或降,上野国方面基本被平定。四月二十二日,前田利家带领大道寺政繁前来小田原谒见丰臣秀吉。当时武藏国江

---

① 观望台。——译者注

户城城主远山景政不在自己的居城,而在小田原城坚守,代为守城的守将被德川家康劝降,江户城随即开城,这是德川家康第一次得到江户城。随后下总佐仓、上总土气、东金、厅南等城池也先后向德川家康投降,但关八州此时仍然控制在北条氏手中。于是,德川家康向丰臣秀吉献策,主张分兵攻打关八州各城,剪断拱卫小田原城的羽翼使其成为孤城。丰臣秀吉采纳了德川家康的计策。五月二十六日,丰臣秀吉派浅野长政、木村重兹及德川家康的部下本多忠胜、鸟居元忠等人攻打武藏、两总、常陆、两野各城。如此一来,小田原城便陷入孤立无援的境地,但城内守兵仍然在固守城池。为此,丰臣秀吉将小早川隆景从清洲城请来商议对策。丰臣秀吉向小早川隆景表示,"大军远征已有时日,将士十分困顿,由于自己久疏京都政务,因而欲暂还京都,在此期间各种事务由丰臣秀次代为处理,卿等共同辅佐,并将一切军务托付于德川家康"。小早川隆景认为,"我军已有必胜之势,不必忧虑,诸将士如有倦怠之意,则可暂停攻击,列长阵围之,并尽歌舞畅饮之乐便可恢复士气,此可谓不战而屈人之兵之策"。丰臣秀吉认为有道理,于是大摆酒宴劳军。榊原康政在给加藤清正的书信中将酒宴一事写得活灵活现,让人身临其境。其大意为:"主公筑城于高山之巅,可一览箱根众山之小,其建筑之广大不亚于聚乐第。阵中有天守阁、兵器库,外墙白壁冲天,光芒万丈,甚是雄伟。城内亦有精巧美屋,四周种植松竹花草,另有菜地粮田,种植茄子、萝卜、蔓芜、麦为乐。商人皆会于此,列

国之名产、各港之鱼鲜、高丽之珍物、京堺①之绢布一应俱全,青楼妓馆鳞次栉比,且均门庭若市。虽是阵中,却每日不乏其味,甚至可于此度过一生。"在招来妓女让军士作乐的同时,丰臣秀吉将自己的侧室淀夫人也迎至军中。《吉川家什书》中收录的日期为五月十七日的带有朱印的文书称,丰臣秀吉派稻田清藏限期迎接淀夫人,并指派新庄直赖与稻田清藏负责提供马匹等接送淀夫人的到来。由此可见,丰臣秀吉做好了打持久战的准备。丰臣秀吉在将小田原城层层围困的同时,封锁了陆海两路,断绝了小田原城的粮道,如此一来便可在不损一兵一卒的情况下困死城内守军。据《武家事记》五月十三日记载,丰臣秀吉在给加藤清正的朱印状中写道:"不使城中有鸟飞过,将人皆"干杀"。"同样,信州《小山文书》所载五月十四日丰臣秀吉用日语假名给北政所写的文书中,就攻打小田原城一事也有"干杀"字样。六月十三日《黑田文书》中黑田长政所收到的书信中也有城中上下皆将被"干杀"的内容。此外,六月五日丰臣秀吉给筑紫广门的文书中也写道:"笼城中上下所有人皆将被"干杀"。"当时的文书资料中多见"干杀"字样,"干杀"是指像鱼一样断其水便可让其毙命之意,丰臣秀吉意欲通过切断小田原城粮食供应的方式迫使北条氏投降。此举完全不像性急的丰臣秀吉的作风,他没有全力围攻小田原城着实让人意外,毕竟能否攻下小田原城对丰臣秀吉而言极其重要。在攻打小田原城时出现哪怕一点纰漏,不仅事关整个关八州,甚至会对奥羽方面产生重大影响。也就是说,

---

① 京都与堺。——译者注

虽然现在围困的是小田原城，但成败将直接影响关八州的态势，甚至于整个关东地区，因而为确保胜利，丰臣秀吉必须做到万无一失。而现在丰臣秀吉却转变策略，改强攻为持久战，先攻打关八州的其他城池，让小田原城逐渐陷入孤立无援的境地，然后再将其攻陷，最后再以破竹之势彻底平定关八州。

第9节 小田原城陷落

丰臣秀吉在准备长久围困小田原城之时，又屡屡做出议和的姿态动摇城内军心。天正十八年（1590年）六月七日，德川家康给北条氏规送去一封劝降信，让其劝降北条氏政父子。六月八日，丰臣秀吉命堀秀政致信松田宪秀，希望他作为内应，并承诺在事成后将伊豆、相模二国授予他。六月二十日，丰臣秀吉命令右笔山中长俊（成田氏长与山中长俊原为歌友关系）[①]给被围困在小田原城的武藏国忍城城主成田氏长送信，希望能与其单独议和。成田氏长现今虽然人在小田原城，但其部将兵士均在忍城。石田三成等人虽然对忍城发动了猛烈攻击，但守城将士十分善战，久攻不下，所以丰臣秀吉才想要与成田氏长单独讲和。成田氏长回信同意了丰臣秀吉的要求，于是丰臣秀吉令德川家康派人前往小田原城，将成田氏长的回信交给了北条氏直。丰臣秀吉认为，既然守将都已投降，他要么速速投降，要么前来讲和。北条氏直看了成田氏长的信后十分震怒，派兵监视成田氏长的兵营。小田原城中的将士自此开

---

① 以和歌会友。——译者注

始互相猜疑,据《太阁记》记载:"小田原城内群疑蜂起,父子相疑、兄弟不睦。"丰臣秀吉在不断劝说北条氏政父子进行讲和的同时,利诱诸将投降。不管利诱能否成功,至少已经动摇了敌军军心,这有助于早日拿下小田原城。六月二十四日,羽柴雄利①、黑田孝高二人奉丰臣秀吉之命,致信小田原城细田口守将太田氏房②,劝其议和。浮田秀家与太田氏房两人一攻一守,来往多个回合之后,双方士兵竟然已经相当熟络,于是浮田秀家向太田氏房军中送去酒肉,并劝其讲和。太田氏房是北条氏政的次子③,将来有可能继承太田氏家业,因此丰臣秀吉想和太田氏房讲和。丰臣秀吉通过对议和之事的不断操作,小田原城内议和之风日盛。六月二十九日,北条氏政父子派人前往织田信雄阵中,拜托其居中调和。综合以上信息来看,丰臣秀吉通过各种方式来迫使北条氏议和,城中将士军心日益不稳,逃跑者开始不断增多。鉴于城中日益紧张的形势,北条氏决定议和。七月五日,北条氏直出城向羽柴雄利及黑田孝高请降,表示自己愿意剖腹谢罪,但求饶恕北条氏政及其他将士性命。丰臣秀吉认为北条氏直精神可嘉,加上他又是德川家康的女婿,所以免其死罪,却命令北条氏政、北条氏照及老臣松田宪秀、大道寺政繁切腹自杀。因为北条氏直同意于次日开城投降,所以丰臣秀吉准许其暂且回城。据《小早川什书》记载,七月五日丰臣秀吉给北条氏直的朱印状写道:"一人投降切腹而拯救全体守城将士之命者必为北条氏

---

① 泷川雄利。——译者注
② 北条氏房。——译者注
③ 根据考据,太田氏房是北条氏政的四男。——译者注

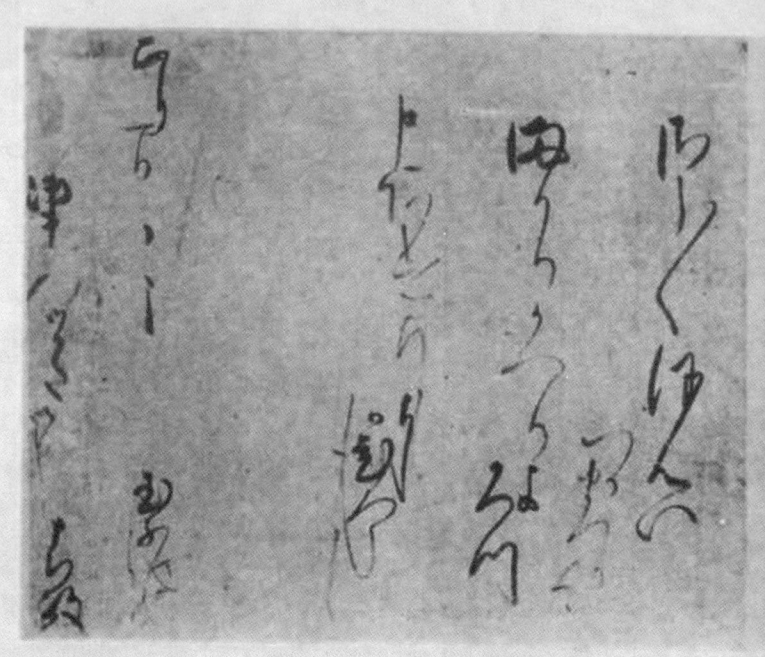

北条氏政笔迹,东京保阪润治氏收藏
此为北条氏政在相模玉绳城,给一个叫"松"的关系密切的妇女发送的贺年信。文中有关于战事的内容描述,由此可以推断,当时北条氏政离开小田原城正滞留玉绳城阵中

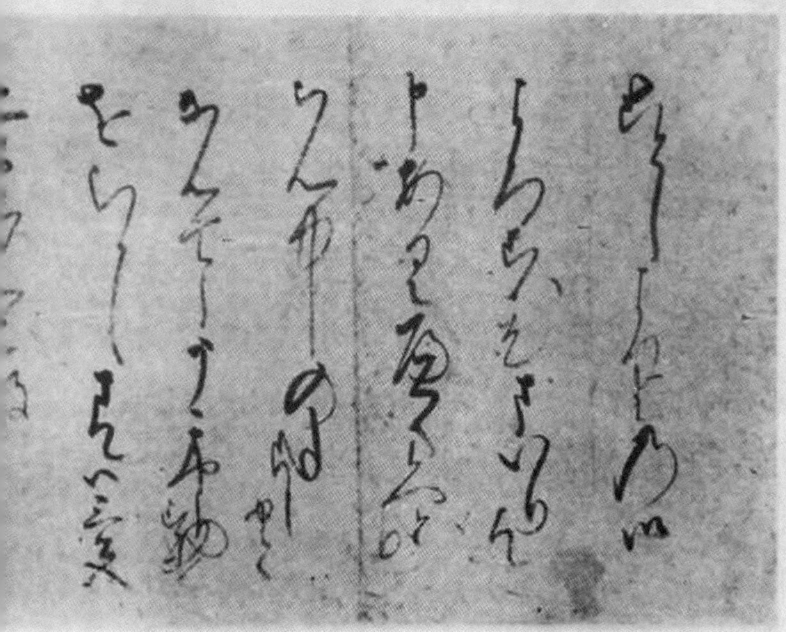

もしほ[や]
しらすきすさ
とあをあくらを
らその時くき
うそこ本物
とらしらいま
しつうそ

直。"由此可见是北条氏直力排众议，决意出城恳请丰臣秀吉纳降。而《当代记》的记载却是，在北条氏房的劝说之下北条氏直才决定出城投降。此时，守卫韭山城的北条氏规仍在坚守城池，在接到北条氏政与北条氏直的亲笔信后方才决定开城投降，这自然也成就了一桩美谈。七月六日，丰臣秀吉命令片桐且元、肋坂安治等部将，以及德川家康的部下榊原康政、井伊直政、本多忠胜等接收小田原城。七月十一日，北条氏政、北条氏照二人在小田原城下的医师田村长傅家中切腹自杀。有关二人辞世的和歌见《太阁记》，北条氏政的偈语见《北条五代记》。

北条氏直因是德川家康女婿而被饶过性命，但也被放逐于高野山中。不过，丰臣秀吉还是给了北条氏直五百石米。北条氏直在高野山中被幽禁了一段时间，其间，丰臣秀吉对其还是相当优待的。比如，寒冬来临之际，丰臣秀吉将其从高野山转移至河内国天野，还不时地馈赠物品，不使其生活陷入困顿。据说北条氏直对此十分感激。后来，丰臣秀吉又将其召至大阪，准备将伯耆国赏予他。但北条氏直尚未成行之际便于文禄元年（1593年）十一月四日因天花死于天野，殁年三十岁。后来，丰臣秀吉将北条氏规召来，将河内狭山一万石之地赏予了他，嘉奖其当年拒不开城投降的气节。即便到了江户时代，德川氏仍然没有收回北条氏规在狭山的封地。后来，一直侍奉明治天皇的北条氏恭，实际上便是北条氏规的后裔①。

---

① 北条氏恭实际上是狭山蕃第十一代蕃主北条氏燕的养子。——译者注

第10节 结论

自延德三年（1491年）北条早云攻取伊豆国至小田原之战结束已近百年。当初，北条早云起兵，是为了取代上杉氏，一统并称霸关东，并将公方①置于自己手中。北条早云之子北条氏纲及其孙北条氏康皆为一代英杰，不仅继承了家业，还不断扩大了势力范围。在北条氏纲时期，北条氏纲将家女嫁给了公方足利晴氏。从此，北条氏便开始对公方具有相当大的影响力。随后，在北条氏康时代，不仅将两家上杉氏②相继打倒，还于天文二十三年（1554年）将足利晴氏之子足利义氏立为公方。足利义氏便是北条氏纲之女所生，因而此时的公方便是北条氏纲的外孙。自此之后，公方便开始带有北条氏血统——北条早云的夙愿得以达成，关东霸权被掌控在了北条氏手中，这一时期也是北条氏最隆盛的时代。到了北条氏康时代，北条氏开始走下坡路。再后来，上杉宪政前往越后国投靠长尾景虎。长尾景虎开始以上杉宪政的名义兴师问罪，征讨北条氏。此后，上杉宪政将上杉之姓授予长尾景虎，这便是日后赫赫有名的上杉谦信。为了恢复上杉氏在关东的原本地位，上杉谦信开始征讨北条氏，自此便开启了"越相之争③"。永禄十一年（1568年），武田信玄攻入骏河国驱逐了今川氏。出于自保，北条氏康对今川氏进行援助。即便如此，仍难以抵挡武

---

① "公方"是前近代日本的一个称呼，指统治者，体现其对国家的统治权。其起源有多种说法，一说是古代天皇及其朝廷，一说是镰仓时代或室町时代对幕府将军的称呼。——译者注
② 分别是山内上杉家和扇谷上杉家。——译者注
③ 越后国的上杉氏与相模国的北条氏。——译者注

田信玄的攻击,于是北条氏康被迫与上杉谦信结盟共同对抗武田信玄,越相之争转变为"甲相之争①"。元龟二年(1571年),北条氏康在临终之际终于开悟,认为上杉氏不可信,于是留下遗言希望将来能与武田信玄讲和。北条氏康的理由是:上杉谦信离自己较远威胁不大,相反武田信玄距离近且实力十分强大,既然无法抵挡武田信玄,那就不如与其讲和。据《武者物语》记载,北条氏康曾经对其子北条氏政的无能感到十分悲观,预言北条氏将要亡于其手。原因是:某日,北条氏康在看到北条氏政吃饭的情形时突然流泪,表示"北条氏将要亡之于我",在座的家臣们原本还都兴高采烈,闻听此言顿时大惊失色。不一会儿北条氏康又开口道:"氏政吃饭时,向饭中倒汤需要两次才能倒好,如此简单之事一次不成而需两次,足以说明氏政之笨拙。每日经常要做之事尚且如此,氏政必然无透过人皮看破人心之能,也即无识人之明,如此则无法发现好的武士。如果没有好的武士,在当今战国纷乱之际,如果我明天一死,敌邻的良将必然来攻,到时氏政必死无疑,因此我才说北条氏要亡于我手。"《武者物语》成书比较早,所记内容也颇为真实,可信度较高。据《言芥集》记载,北条氏康死后,北条氏政掌权时代有个云游僧人来到小田原城借宿,当看到告示牌后叹息自语,表示北条氏将要灭亡,其端倪已尽现矣。官府之人闻听之后问其何出此言,僧人表示,自己在三十年前曾路过此地,当时张贴的告示内容只有区区五条,而如今却有三十条之多。但凡国君威仪自重则四民皆服,因而法简

---

① "甲"为甲斐国的武田信玄。——译者注

而民不违之。如若国君威仪尽失，则四民背之，因而法条必然增加。由此来看，北条氏败象已现，故而叹息。从类似这些故事来看，确如北条氏康所言，北条氏之亡始于北条氏康一代。从前后所发生的事情来看也确实如此，北条氏康之亡便是北条氏盛衰的分界点。北条氏政按照北条氏康的遗言与武田信玄讲和，并与上杉谦信断绝同盟关系，此后又与上杉氏屡屡于上野、武藏二国对战。北条氏乘上杉谦信因北陆方面多乱且关东经营不善之机，平定了上野、下野、常陆、下总等国。天正元年（1573年），武田信玄去世，天正六年（1578年）上杉谦信去世，让北条氏恐惧的强敌已经不复存在，关东又成了北条氏一家独大的舞台。虽然北条氏得到了一个极好的发展机会，但没有取得什么大的成就。不久之后，崛起的织田信长消灭了武田氏，战火逐渐迫近北条氏。当丰臣秀吉代替织田信长，对关东的压迫也与日俱增，决定北条氏命运的时刻最终到来。不过，北条氏仗着五代雄霸关东的雄厚家业，仍以关东霸主自居，恃自身强大，对待丰臣秀吉的态度一直十分傲慢。北条氏认为丰臣秀吉原为一介匹夫，只是凭借一时的威风玩弄辞藻唬人，北条氏不会屈服于这区区的言语威胁，因而决定要以实力进行回应。也就是说，只要丰臣秀吉以武力征讨关东，则北条氏必将以武力回敬，由此可一窥北条氏之傲慢。然而，最初丰臣秀吉并不想以武力征服北条氏，而是希望以和平手段进行交涉。但北条氏毫无诚意，屡屡左右托词，以模棱两可的态度糊弄丰臣秀吉。最终丰臣秀吉忍无可忍，决定诉诸武力一决胜负。不过，北条氏还是从天正十八年（1590年）三月到七月之间与丰臣秀吉大军对抗百余日，这也足见北条氏一族之勇武。对丰臣秀吉而

言，花费如此多的时日竟久攻不克，这在丰臣秀吉的履历中尚属首次，同时也再次说明北条氏的实力确实还是相当强大的。小田原城破城之后，丰臣秀吉又以破竹之势平定了陆奥国。因此可以说，丰臣秀吉能够平定日本全境全赖小田原一役。换言之，攻克小田原城就意味着关东、奥羽的平定，这也是丰臣秀吉从一开始便十分谨慎地对待小田原一战的原因所在。

德川家康在小田原破城之后就武田、北条两氏的灭亡进行对比时表示："武田信玄虽为当代之良将，但是从其驱逐其父武田信虎的行为来看，此人之无道必祸及子孙后代。其子武田胜赖虽然也为猛将，但其运势已尽，人心离散，因而最终只落得个自杀而亡的结局，此为天道恶其不仁不义而谴之也。反之，小田原坚守百余日而不落城，除老臣松田宪秀变节之外无人主动叛逆。后来北条氏直被发配高野山之时，尚有许多舍命相从者，足见北条早云时代以来北条氏施政之善及家臣们操守之高洁。"此事记于《德川实记东照宫附录》，但尚不清楚引自何处。武田氏建业时日尚浅，而北条氏已历经数代且对人恩义相重，因而两者不可同日而语。从两者行事风格来看，武田氏为达目的而不择手段，不论多么狠辣的招法也敢用，相反，北条氏行事重名分、行恩义。因此，两氏虽然最终均没有逃脱被灭这一结果，但是一氏忽然而亡，一族经久不衰，之所以出现如此迥异的结果，德川家康的评论可谓一语中的。

第 20 章

德川家康关东入国与诸将转封

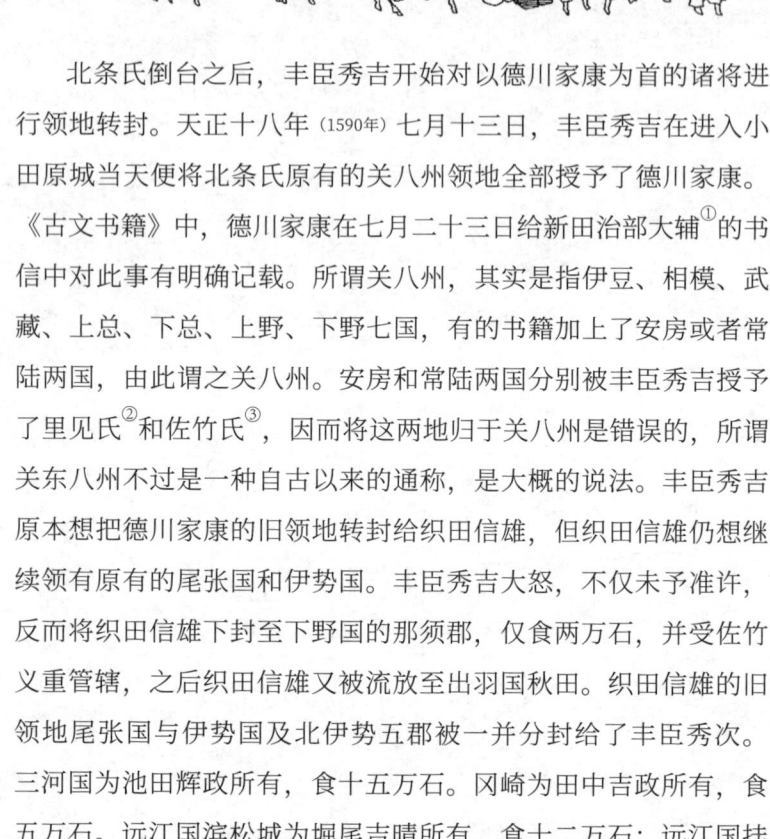

北条氏倒台之后，丰臣秀吉开始对以德川家康为首的诸将进行领地转封。天正十八年（1590年）七月十三日，丰臣秀吉在进入小田原城当天便将北条氏原有的关八州领地全部授予了德川家康。《古文书籍》中，德川家康在七月二十三日给新田治部大辅①的书信中对此事有明确记载。所谓关八州，其实是指伊豆、相模、武藏、上总、下总、上野、下野七国，有的书籍加上了安房或者常陆两国，由此谓之关八州。安房和常陆两国分别被丰臣秀吉授予了里见氏②和佐竹氏③，因而将这两地归于关八州是错误的，所谓关东八州不过是一种自古以来的通称，是大概的说法。丰臣秀吉原本想把德川家康的旧领地转封给织田信雄，但织田信雄仍想继续领有原有的尾张国和伊势国。丰臣秀吉大怒，不仅未予准许，反而将织田信雄下封至下野国的那须郡，仅食两万石，并受佐竹义重管辖，之后织田信雄又被流放至出羽国秋田。织田信雄的旧领地尾张国与伊势国及北伊势五郡被一并分封给了丰臣秀次。三河国为池田辉政所有，食十五万石。冈崎为田中吉政所有，食五万石。远江国滨松城为堀尾吉晴所有，食十二万石；远江国挂川城为山内一丰所有，食五万石；远江国横须贺城为渡濑诠繁所有，食三万石。骏河国为中村一氏所有，食十四万五千石。甲斐国归丰臣秀吉的养子丰臣秀胜所有。信浓国佐久郡为仙石秀久所有，食五万石；信浓国伊奈郡高远城为京极高知所有，食三万石；信浓国饭田城为毛利秀赖所有，食八万石；信浓国诹访城为

---

① 治部为治部省，大辅为官职名。——译者注
② 里见义康。——译者注
③ 佐竹义重。——译者注

日根野高吉所有，食三万八千石；信浓国筑摩郡为石川数正所有，食八万石。石川贞清被封为木曾山"代官"。至此，从三河国至信浓国已经没有了德川家康的领地。

以上便是小田原之战后丰臣秀吉封赏诸将的梗概。对此次封赏，丰臣秀吉应该是绞尽了脑汁。丰臣秀吉的想法表面看起来，将德川家康转封至关八州是对德川家康的优待，但同时也是对德川家康"敬而远之"的一种策略。三河、远江、骏河等国原为德川家康的根据地，特别是三河国，是德川家康的世居之地，也是其根基所在，另外甲斐与信浓两国地处险要之地，易守难攻。相反，关八州地势广阔，无险可守，因而对德川家康而言，此次转封是得是失尚未可知。此外，德川家康得到的是一块新领地，要将此地经营好则须花费大量时间与精力。加之此地北条氏余威尚存，想让此地民众完全折服也绝非易事，因此丰臣秀吉对德川家康的转封名为厚遇，实为敬远之策。此外，对于不愿转封的织田信雄，丰臣秀吉怒而夺其尾张国、伊势国，将其转封至下野国，这其中自然也包含了丰臣秀吉的诸多考虑。原因是：尾张国是织田氏的故国，如果让织田信雄继续留在尾张国，则意味着织田信雄会继续在故国拥有强大的势力，日后必然会成为丰臣秀吉的一大威胁。因此，要想彻底铲除织田氏在尾张国的旧势力，就必须将织田信雄转封他地，但丰臣秀吉一直苦于没有良机。丰臣秀吉此次论功行赏，织田信雄对转封他地表示拒绝，这便给予了丰臣秀吉机会。于是，丰臣秀吉便借机大怒，将其转封至更偏远之处。诸多历史材料中都写道，丰臣秀吉原本想把德川家康的旧领地骏河、远江、三河、甲斐、信浓各国封赏给织田信雄，由

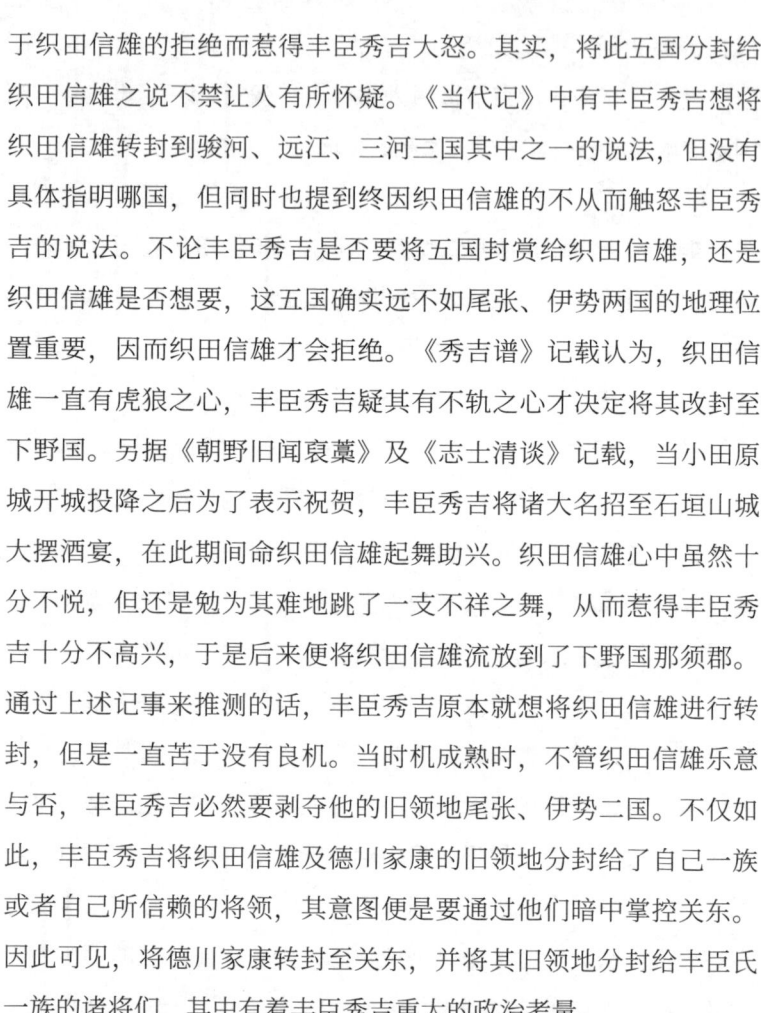

于织田信雄的拒绝而惹得丰臣秀吉大怒。其实,将此五国分封给织田信雄之说不禁让人有所怀疑。《当代记》中有丰臣秀吉想将织田信雄转封到骏河、远江、三河三国其中之一的说法,但没有具体指明哪国,但同时也提到终因织田信雄的不从而触怒丰臣秀吉的说法。不论丰臣秀吉是否要将五国封赏给织田信雄,还是织田信雄是否想要,这五国确实远不如尾张、伊势两国的地理位置重要,因而织田信雄才会拒绝。《秀吉谱》记载认为,织田信雄一直有虎狼之心,丰臣秀吉疑其有不轨之心才决定将其改封至下野国。另据《朝野旧闻裒藁》及《志士清谈》记载,当小田原城开城投降之后为了表示祝贺,丰臣秀吉将诸大名招至石垣山城大摆酒宴,在此期间命织田信雄起舞助兴。织田信雄心中虽然十分不悦,但还是勉为其难地跳了一支不祥之舞,从而惹得丰臣秀吉十分不高兴,于是后来便将织田信雄流放到了下野国那须郡。通过上述记事来推测的话,丰臣秀吉原本就想将织田信雄进行转封,但是一直苦于没有良机。当时机成熟时,不管织田信雄乐意与否,丰臣秀吉必然要剥夺他的旧领地尾张、伊势二国。不仅如此,丰臣秀吉将织田信雄及德川家康的旧领地分封给了自己一族或者自己所信赖的将领,其意图便是要通过他们暗中掌控关东。因此可见,将德川家康转封至关东,并将其旧领地分封给丰臣氏一族的诸将们,其中有着丰臣秀吉重大的政治考量。

小田原城开城投降之后,丰臣秀吉将北条氏的旧臣板部冈江雪押来进行责问。丰臣秀吉认为,板部冈江雪作为北条氏政父子的使者前往京都请求商谈讲和一事,却一直滞留不归,正是板部冈江雪的不当行为才导致自己劳师动众地出征,甚至北条氏灭亡

也是板部冈江雪的不忠不信所致。丰臣秀吉斥责完板部冈江雪后便要将其捆绑拉去行刑，板部冈江雪从容答道："事已至此皆为天命，辩解无益，小田原城被天下大军围攻百余日而不落城，此为北条氏及众武士之荣耀。如今我之所愿仅为快快刎我首也。"听板部冈江雪这么一说，丰臣秀吉反倒开始赞赏起板部冈江雪的不屈气节来，不仅免其一死，还让其做了自己的近侍。由于"板部冈"比较难叫，因此丰臣秀吉让其改姓"冈"。丰臣秀吉死后，板部冈江雪又成了德川家康的近侍，其后世子孙一直位列"旗本"①之列。至于上野国松井田城城主大道寺政繁，曾一直据城与前田利家、上杉景胜二人对战，后开城投降，成了前田利家的向导。丰臣秀吉认为大道寺政繁家族数代侍奉北条氏，其所为非"侍"②之所为，因此将大道寺政繁诛杀于江户的樱田。当时关东公方足利义氏已经死去，其膝下无子，因而丰臣秀吉让其女儿③继承家业。足利氏原本一直受北条氏的保护，其旧领地在下总国古河城，丰臣秀吉不忍关东公方这一名族消失，于是让与公方同族的生实国朝④与足利氏姬结婚，将下野国喜连川授予二人，食五千石。但也有种说法认为，因为足利国朝的妹妹是丰臣秀吉的侧室，所以才得此善果。不管怎么说，丰臣秀吉在保存名门望族一事上的做法还是值得肯定的。织田信长也曾在消灭门阀势力的同时保存名门望族，这应该也是丰臣秀吉对织田信长做法的一种

---

① 按语意指战场上主将旗下的近卫武士。到江户时代，专指将军直属武士中领地不满一万石，但有面见将军资格者。——译者注
② 保卫主家的武士。——译者注
③ 足利氏姬。——译者注
④ 后改名足利国朝。——译者注

效仿。喜连川足利家族一直到江户时代都受到德川幕府宾客般的待遇，时至今日仍然享受子爵爵位——这也是丰臣秀吉进行赏罚及保护名门方面的一例。同时我们也应该看到，丰臣秀吉带有道义色彩的行事风格在小田原之战前后得到了一定程度的显露。

第 21 章

征讨奥羽[①]

[①] 陆奥国与出羽国的合称。——译者注

第1节 奥羽的形势

诸侯割据，互相攻伐，相互吞并是当时[①]奥羽的主要形势。在陆奥地区主要有伊达、相马、田村、岩城、结城、大崎、葛西、芦名、白河、二本松、二阶堂、石川、大内、南部等大族，出羽地区则主要有最上、大宝寺、武藤、小野寺等诸氏，其中陆奥的伊达氏与出羽的最上氏势力最强大。伊达氏当时正处于伊达政宗主政的时代，其曾祖父伊达稙宗、祖父伊达晴宗、父亲伊达辉宗都有一定的文韬武略，因而伊达氏一直以来不断开疆拓土，势力范围不断扩大。鉴于此，周边四邻皆争相与伊达氏通婚。根据伊达氏家谱来看，与伊达氏相邻的各名门大族均与伊达氏有通婚关系，其中甚至包括远在常陆国的佐竹氏及出羽国的最上氏。由此可知，伊达氏为扩张势力的确做了不少努力。

通婚并非只是伊达氏所专有，其他诸族也采取了该策略，均意图依托通婚方式在维持自己原有势力的同时向外拓展势力。常陆国的佐竹氏为了向陆奥国扩张势力，往往会与陆奥国的诸侯们通婚。日本战国时代相互通婚是各国各地的通用做法，但其中以奥羽地区为甚。通过通婚，各诸侯之间或结盟或成为仇敌，其关系极其错综复杂。因此要搞清战国以来奥羽各诸侯之间的纷乱关系，有必要先梳理一下各族之间的婚姻关系。

室町时代（1336—1573年）中叶以来，奥羽地区出现的形势变化主要围绕伊达氏而展开，其中在伊达政宗主政时代其形势变化最明

---

① 即丰臣秀吉征服奥羽前夕。——译者注

显。随着实力的增加，伊达氏在伊达政宗主政时代已经具备了吞并整个奥羽地区的实力，因此其一统奥羽的意愿也变得更强烈。如果将伊达政宗成就霸业的过程阐述得当的话，则奥羽地区的主要形势变化就会变得十分清晰。下面就对伊达政宗继任以来征服四邻的梗概进行一番梳理。

伊达政宗继任是在天正十二年（1584年）冬，当时他年仅十八岁。由于当时的安达郡盐松领主大内定纲的反复无常，屡次叛乱，为绝后患，伊达政宗决定对其进行彻底平定。当时，在背后支援大内定纲的不仅有常陆国的佐竹义重，还有芦名、畠山诸氏。天正十三年（1585年）秋，伊达政宗对大内定纲发动攻击，大内定纲大败，逃往二本松城。伊达政宗趁机将盐松之地全部兼并，随即准备攻打二本松城。二本松城城主畠山义继忌惮伊达政宗的强大实力，因而向伊达政宗乞降。在伊达辉宗的劝说之下，伊达政宗同意了畠山义继的投降请求。然而，畠山义继却假借谢恩之名刺伤了伊达辉宗，畠山义继被伊达辉宗的侍从当场击杀。畠山义继的遗臣们将其遗孤国王丸①推上城主之位，继续固守二本松城，同时向佐竹、芦名、岩城、石川、白河、相马、须贺川等诸氏紧急求援。诸氏接报出兵前来救援，与伊达政宗大战于观音堂，结果以伊达氏大胜而告终。天正十四年（1586年）四月，伊达政宗再次对二本松城发动攻击并破城，畠山氏覆灭，其领地被伊达氏兼并。天正十五年（1587年）一月，伊达政宗攻打大崎氏，大崎义隆投降。天正十七年（1589年）五月，伊达政宗又降服了猪苗代氏，

---

① 畠山义纲。——译者注

```
                         ┌─ 女──二阶堂盛义正室
                         │
                         ├─ 十六世 伊达辉宗　其母为岩城重隆之女　正室──最上义守之女
                         │
              ┌──────────┼─ 女──小梁川盛宗正室
              │          │
              │          ├─ 政景──留守显宗养子
              │          │
              │          ├─ 女──芦名盛隆正室
              │          │
              │          ├─ 女──佐竹义重正室
              │          │
              │          └─ 盛重──国分盛氏养子
              │
              │          ┌─ 十七世 伊达政宗　其母为最上守义之女　正室──田村清显之女
   ───────────┤──────────┤
              │          └─ 忠宗──其母为田村清显之女
```

十四世 伊达稙宗　正室—苇名盛高之女

- 女—相马显胤正室
- 女—芦名盛氏正室
- 十五世 伊达晴宗　其母为苇名盛高之女　正室—岩城重隆之女
- 女—二阶堂照行正室
- 女—田村隆显正室
- 女—悬田俊宗正室
- 四郎—桑折景长养子
- 晴胤[①]—葛西晴重养子
- 女—相马义胤正室

---

① 据考据，应是葛西晴清。——译者注

并兼并其领地。天正十八年（1590年）六月，伊达政宗讨伐芦名氏，芦名广义灭亡，芦名氏的领地被伊达氏吞并，随后伊达政宗又攻入黑川城。天正十七年（1589年）十二月二日，伊达氏攻打二阶堂氏①的居城须贺川城，须贺川城被破。此后，石川昭光、岩城常隆、白河义亲等望风来降，下野国那须氏、上野国馆林城的城主等也都遥相请降。至此，伊达政宗将仙道七郡②全部吞并，伊达家族的势力西到越后国、东接三春城、北达海滨、南至白河城，其领地横跨奥羽二国，兵威远震朝野，势力如旭日东升。天正十八年（1590年）一月七日，伊达政宗作"七种节句"③诗一首，以"七种集于一叶"来赞咏自己兼并仙道七郡之事，其得意之情溢于言表。丰臣秀吉前来平定之前的奥羽形势基本如此。

第2节 丰臣秀吉与奥羽各族

一、丰臣秀吉与伊达政宗

丰臣秀吉对待伊达政宗同样采取恩威并施的手段，且手段十分高明巧妙，因而在奥羽诸族中，最早与丰臣秀吉通好者便是伊达政宗。天正十二年（1584年）八月，伊达政宗派家臣远藤基信前往拜见丰臣秀吉，表示其父伊达辉宗掌权期间与织田信长便已通好，因此想与丰臣秀吉继续保持友好关系。翌年（1585年）七月二

---

① 二阶堂盛义于天正九年（1581年）死后，实际掌控须贺川城者为二阶堂盛义之妻阿南姬。——译者注
② 石川、信夫、白河、岩濑、安达、田村、安积七郡。——译者注
③ 每年正月七日为日本重要的传统节日之一。——译者注

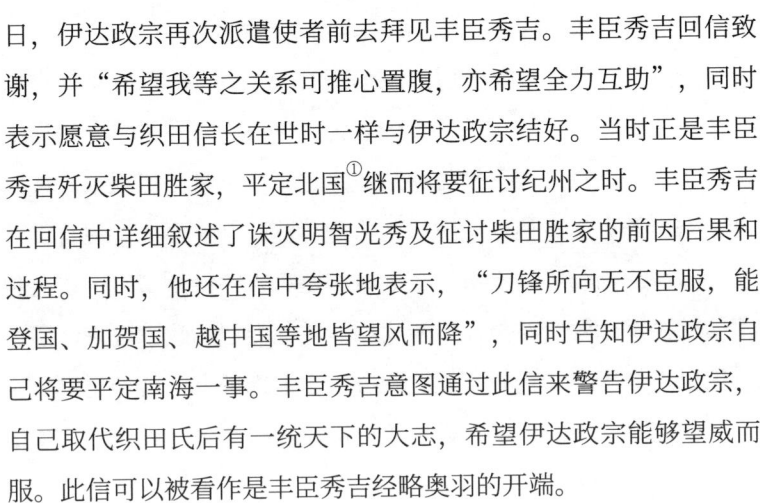

日,伊达政宗再次派遣使者前去拜见丰臣秀吉。丰臣秀吉回信致谢,并"希望我等之关系可推心置腹,亦希望全力互助",同时表示愿意与织田信长在世时一样与伊达政宗结好。当时正是丰臣秀吉歼灭柴田胜家,平定北国[①]继而将要征讨纪州之时。丰臣秀吉在回信中详细叙述了诛灭明智光秀及征讨柴田胜家的前因后果和过程。同时,他还在信中夸张地表示,"刀锋所向无不臣服,能登国、加贺国、越中国等地皆望风而降",同时告知伊达政宗自己将要平定南海一事。丰臣秀吉意图通过此信来警告伊达政宗,自己取代织田氏后有一统天下的大志,希望伊达政宗能够望威而服。此信可以被看作是丰臣秀吉经略奥羽的开端。

天正十五年(1587年)四月,丰臣秀吉狩猎需要猎鹰,于是伊达政宗向丰臣秀吉进献了猎鹰,七月,丰臣秀吉修书对此表示感谢。此后伊达政宗屡屡派人前往京都,向丰臣秀吉或献鹰或献马。丰臣秀吉也同样会时不时地向伊达政宗索要猎鹰,有时还会附上一封热情洋溢的书信,答应伊达政宗的一些要求,并赠予伊达政宗自己所藏的名刀等。二人之间并非只是单纯的相互馈赠物品的关系,这些行为与时局有着敏感而密切的关联。与此同时,伊达政宗一方面将同族的上郡山右近丞为仲[②]安置在京都,以便收集情报;一方面屡屡派遣远藤不入斋[③]、坂东屋道有、修验僧等频繁前往京都,或与丰臣秀吉的近臣前田利家、浅野长政、木村重兹、石田三成及施药院全宗等人互通音信,或向上述等人赠送礼

---

① 当时指京都以北地区。——译者注
② 上郡山为仲。——译者注
③ 远藤基信。——译者注

品,借以来打探丰臣秀吉及京都朝廷的内部消息。

天正十五年(1587年)九月,施药院全宗托坂东屋道有转交给伊达政宗一封书信。信的主要内容为,丰臣秀吉在平定九州后准备让各大名进京,因而劝说伊达政宗进京。十月,德川家康按照丰臣秀吉的意思致信伊达政宗,希望伊达政宗与最上、佐竹、芦名、岩城、相马等诸氏讲和。同时丰臣秀吉的侍从富田一白也曾写信劝说伊达政宗与上述诸族议和,并催促伊达政宗进京。伊达政宗以正与奥羽诸氏角逐无法脱身为由拒绝进京。为迁延进京时间,伊达政宗不断与丰臣秀吉的侍臣及宿将等进行通信,请求他们从中斡旋,求丰臣秀吉能够通融,从而使自己可以暂不进京。

天正十七年(1589年)七月,上郡山为仲携带丰臣秀吉的一封朱印状归国。丰臣秀吉在信中质问伊达政宗攻略会津一事,其大意为:"去年芦名氏[①]派人前来拜见,你应知晓此事。芦名氏表示,你与他有宿怨,想攻打他。请速将此事原委禀报清楚。"于是,伊达政宗派遣远藤基信前往拜见丰臣秀吉为自己进行辩解,同时向浅野长政、木村重兹行贿,希望二人为自己周旋说和。之后浅野长政、木村重兹回信表示,二人已积极运作,现在丰臣秀吉怒气有所消减,规劝伊达政宗应尽早进京拜见为宜。

天正十八年(1590年)三月,浅野长政、木村重兹再次致信伊达政宗,表示现在丰臣秀吉正准备东征,应立即前来拜见。直到丰臣秀吉列阵小田原,伊达政宗认为已经不能再拖延,方才准备前去面见丰臣秀吉。但伊达成实表示反对,认为"去年丰臣秀吉

---

① 芦名义广。——译者注

将战斗檄文发往各国时便已敦促我等前去拜见,如今即使前往业已晚矣,不如以武力拒之"。片仓景纲则驳斥伊达成实的说法,认为丰臣秀吉虽出身草莽,而今已然雄霸天下,强如德川家康者尚且臣服,如今丰臣秀吉挟天子以令诸侯,如若不从便是违抗朝廷,会与北条氏一样下场凄惨。最终,伊达政宗下定决心前往面见丰臣秀吉。五月九日,伊达政宗从黑川城出发,由于中途道路不通,于是借道上杉氏地盘从越后国到达信浓国,然后赶赴小田原。由于先前丰臣秀吉已经屡次催促过伊达政宗进京,而他却一再托词拒绝,因此伊达政宗认为此次前往必然会获罪,便做好了自杀的准备,并在甲胄外面套上丧服前往。伊达政宗到达之后,丰臣秀吉果然不愿接见,只是将其软禁在底仓山①中待命。之后丰臣秀吉派遣浅野长政、木村重兹前往向伊达政宗问责,质问其为何不早来拜见,再加上霸占会津一事,认为其罪莫大。同时责问伊达政宗说:"奥羽诸族都是伊达家族亲朋,而伊达政宗却执意要征伐诸家,岂全为他人之责?"伊达政宗辩解称:"大内定纲其罪当诛,但芦名义广、佐竹义重、岩城常隆、二本松义继等人庇护大内定纲,因而自己是被迫挑起战端。且田村清显是家妻之父,在田村清显死后,相马义胤、芦名义广等人合谋趁大丧之机欲剿灭田村氏,我才被迫与之一战。至于与大崎氏之争,则是因为边境线不清所致。而与最上氏的争端,则是因为最上氏援助我的叛臣鲇贝太郎。至于为何迟迟不来拜见,则是因为自己四面为敌道路不通所致,非有意抗命不遵。"在听了浅野长政、木村重

---

① 地名,位于今神奈川县。——译者注

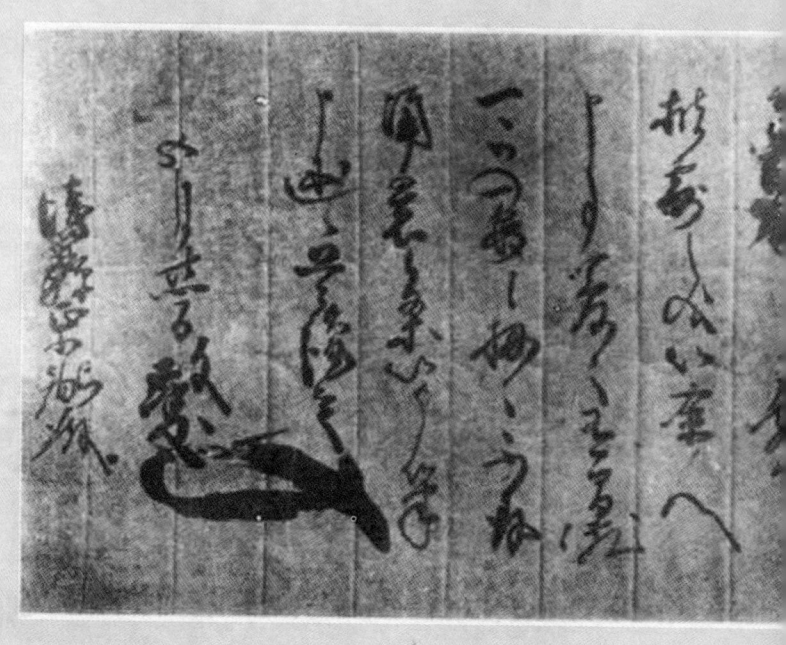

伊达政宗笔迹,侯爵浅野长勋氏收藏
丰臣秀吉十分怀疑伊达政宗。但每当有事发生,浅野长政居中调和,伊达政宗每次均能有惊无险。为此,伊达政宗向浅野长政写去一封书信,拜托浅野长政将继续从中做好

兹的报告之后，丰臣秀吉表示："倒是听说人人憎恨伊达政宗，但其将会津据为己有一事，着实出乎意料。但看其似无反意，有所安心。"天正十八年（1590年）九月，伊达政宗到丰臣秀吉位于石垣山的大营进行拜见。当时丰臣秀吉坐在太师椅上，德川家康与前田利家等人分列两边。当伊达政宗拜见完毕将要退出之时，丰臣秀吉连呼两声"政宗"将其叫住，丰臣秀吉用手杖敲打着地面对伊达政宗说："来这，来这"，于是伊达政宗解下佩刀，向前进了一小步。丰臣秀吉用手杖指着小田原城对伊达政宗讲起了自己的攻城计划，伊达政宗也毫无顾忌地表达了自己的见解，据说在座诸人均对伊达政宗不卑不亢的态度赞赏有加。据《和久宗是物语》记载："虽是拜见田舍者[①]，但伊达政宗言行依然端庄，人多有赞誉。"伊达政宗滞留在底仓时，听说千利休正跟随丰臣秀吉出征，于是拜托浅野长政等人邀请千利休前来召开茶会。丰臣秀吉得知此事后对伊达政宗赞赏有加，认为伊达政宗在自己命运难测之时，尚不忘行风流儒雅之事。

丰臣秀吉认为伊达政宗并非常人，不宜与之为敌而应与之相交，于是委任伊达政宗负责处理奥羽之事，让其先行回国进行准备。当时伊达政宗在给国中群臣的书信中写道，丰臣秀吉"命我全权负责处理奥羽事务"。由此来看，丰臣秀吉之所以让伊达政宗全权负责处理奥羽事务，是因为其势力很明显在奥羽地区是最强的。丰臣秀吉在拿下小田原城之后不费吹灰之力便拿下奥羽，这完全归功于对伊达政宗的利用得当。之所以这样做，是因为丰

---

① 对农村人的蔑称。——译者注

臣秀吉知道降服了伊达政宗就等于得到了奥羽，由此可见丰臣秀吉眼光之独到、胆略之过人。

二、丰臣秀吉与其他奥羽诸氏

丰臣秀吉对奥羽其他诸氏采取的态度是：早来拜见者与之修好，晚来者进行处罚，不来者问罪。在听说丰臣秀吉将要东征的消息之后，大多数氏族纷纷派人或亲自前往谒见丰臣秀吉。

其中，除了上述伊达氏，最早派出使者的是南部信直、津轻为信。天正十四年（1586年），南部信直就曾派人拜见前田利家，拜托其通融与丰臣秀吉结好事宜。在前田利家的斡旋之下，丰臣秀吉于八月奏请朝廷，授予南部信直从五位下之职，任大膳大夫，同时颁发朱印状让其安心，并要求南部信直要尽心尽力经营自己的领地。天正十六年（1588年），南部信直按照丰臣秀吉之命进献骏马十匹，之后也曾屡次献马，这与伊达政宗献鹰的做法同出一辙。

天正十三年（1585年）八月，为赴京拜见丰臣秀吉，津轻为信从鲹泽港乘船出发，因中途遭遇暴风而未能遂愿。关于津轻为信的出身有着不同的说法，有人认为津轻为信原本为大浦氏一族，辅佐南部信直的弟弟石川政信。石川政信作为津轻郡代①居波冈城，津轻为信因平定郡内叛乱有功而势力逐渐壮大，从而开始萌生想要独立的想法。天正十六年（1588年），津轻为信毒杀石川政信，夺取了津轻郡。南部氏同族的九户政实也背叛南部信直支援津轻为信，共同对抗南部氏。天正十八年（1590年）二月二十七日，津轻为信来到骏河国，等候丰臣秀吉东征，并于沼津城拜见了丰臣

① 官职名。——译者注

秀吉,收到丰臣秀吉所颁发朱印状一封,获准管辖津轻郡,自此津轻为信正式成为独占一方的诸侯。根据津轻为信的族谱来看,其先祖出自藤原秀乡一脉,早年便居住在津轻郡,称大浦氏。明应六年(1497年),近卫尚通来到津轻郡,寄居在大浦光信家,后与大浦光信之女诞下一子。大浦光信为此子取名为近卫政信并进行抚养,又请求近卫尚通将此子过继给自己为嗣,后将其改姓大浦——大浦为信[①]实为大浦政信之孙。因为近卫家与丰臣秀吉有交情,因此大浦为信得到丰臣秀吉的许可,成了津轻郡的领主。但根据近卫尚通日记,即《后法兴院记》明应六年(1497年)的记载显示,当时近卫尚通位居关白要职身居京都,并未前往偏远的津轻郡。因此可以推断,大浦政信为近卫尚通之子一说不实,应该是大浦为信为故意接近近卫家而伪造了家谱,由此足见大浦为信做事之不择手段。当然,也有种说法认为,伪造家谱者并非大浦为信而是其后代。但不管如何,借光近卫家一事,说到底还是为了让大浦家族看起来比较显贵而已。

天正十八年(1590年)七月,南部信直与其子南部利直一同前往小田原拜见丰臣秀吉,对津轻为信与九户政实叛乱进行控诉,请求丰臣秀吉讨伐二人。然而,由于津轻为信此前已经拜见过丰臣秀吉,并得到朱印状被准许占有津轻,因而丰臣秀吉没有同意南部氏的要求。丰臣秀吉只是告诉南部信直父子,自己将在拿下小田原之后发兵奥羽征讨九户政实,然后便打发二人回国。南部信直虽然对此很不满意,但也别无他法,于是津轻之地便全部归于

---

① 即津轻为信。——译者注

津轻为信。此后,南部氏家族一直将津轻氏视作叛臣贼子,对其世代唾弃,而津轻氏又不认为自己是南部氏之臣,因而双方一直对抗不休。在整个江户时代,南部氏与津轻氏之间仍旧互相敌视无法和解,据说时至今时今日,双方仍然相互憎恶。

天正十七年（1589年）八月二十五日,芦名义广的部下会津田城主山内氏胜、久川城城主河原田盛继,各自派人前往京都,向丰臣秀吉控诉伊达政宗的恶行。丰臣秀吉让他们固守城池,等待自己东征。据当时石田三成经丰臣秀吉授意写给山内氏胜的书信显示,当时丰臣秀吉已有诛伐伊达政宗之意。同年,出羽国由利郡院内城城主仁贺保举盛等来到大阪谒见丰臣秀吉,得到任命状一封,准许继续统领自己属地。

天正十八年（1590年）二月四日,最上义光准备赴京,请求德川家康从中帮忙通融。德川家康劝其不要前往京都,应前往小田原大营拜见丰臣秀吉。之后,最上义光为得到面见丰臣秀吉的机会,屡屡向丰臣秀吉献鹰,并恳请德川家康从中斡旋。德川家康给最上义光做出书面保证,保证能让最上义光见到丰臣秀吉。七月,最上义光终于在丰臣秀吉前往奥羽之际,于宇都宫拜见了丰臣秀吉。

天正十八年三月,出羽国角馆城城主户泽盛安亲自率兵来到三河国拜见丰臣秀吉。丰臣秀吉对户泽盛安亲自领兵前来配合东征之举表示赞赏,约定将来将仙道三郡授予户泽盛安。对此,户泽盛安表示婉拒,认为仙道世代为小野寺氏所有,现在领主为小野寺义通,因此不敢有此妄想。户泽盛安同时表示,能被允许继续掌管现有领地角馆城便已是荣幸之至。丰臣秀吉对户泽盛安的

态度十分赞赏，将自己的佩刀赏给了他，让其听命于中村一氏。

天正十八年（1590年）三月，常陆国的佐竹义宣及宇都宫国纲二人经过协商，决定共同派人前往小田原。双方的使者于五月二十四日抵达。佐竹义宣及夫人为丰臣秀吉准备了厚礼，同时向其他丰臣一族及丰臣秀吉的幕下臣僚等均进献了礼品，并向石田成三、增田长盛等丰臣秀吉的近臣分别赠送了金银财宝。宇都宫国纲的赠礼与佐竹义宣旗鼓相当。由此可见，各家在派人或亲自前往拜见丰臣秀吉时，均会进献大量礼品。

天正十八年五月二十七日，下野国太田原城城主太田原纲清之子太田原晴清来到小田原大营拜见丰臣秀吉。丰臣秀吉将佩刀赏赐给太田原晴清，并任命其为从五位下官衔任备中守一职。

天正十八年三月，下野国黑羽城城主大关晴增也派人来到沼津城问候丰臣秀吉起居。四月一日，丰臣秀吉复信致谢。

天正十八年五月十四日，相马义胤来到小田原拜谒丰臣秀吉。五月二十四日，下总国结城城主结城晴朝也来到小田原拜见丰臣秀吉。在此之前，结城晴朝曾派家臣多贺谷安艺前往京都与丰臣秀吉通好。因结城晴朝没有子嗣，于是请求丰臣秀吉过继一子为嗣。丰臣秀吉于是将养子秀康过继给结城氏，袭名结城秀康。后来，结城晴朝为此特意前来拜谢。

天正十八年五月，常陆国下妻城城主多贺谷重经也来到小田原拜谒丰臣秀吉。在此之前，多贺谷重经曾派其子犬二郎[①]前往京都拜会石田三成，请求其赏予一字为名。于是，多贺谷光经改叫多贺

[①] 二郎为幼名，初名为多贺谷光经。——译者注

谷三经。后经丰臣秀吉引荐，多贺谷氏归属结城氏麾下。

其他诸如岩城氏、白河氏等也均派人前往与丰臣秀吉通好。其中岩城常隆亲自前往小田原拜见丰臣秀吉。后来在滞留镰仓期间，岩城常隆去世。奥羽及常野诸氏也均或派人或亲自前往拜见丰臣秀吉，想与之通好。以上便是丰臣秀吉出兵奥羽之前当地各氏族的态度。总之，其中势力比较强大的氏族均希望与丰臣秀吉结好，希望丰臣秀吉认可自己拥有所辖领土的统治权，至于其他势力弱小者所期望的其实也不过如此。总之，不论强弱都希望通过丰臣秀吉保国安邦，无人想要与丰臣秀吉对抗为敌。然而，如果丰臣秀吉在攻打小田原城时出现不利情况，想必奥羽各族也必将联合一致对抗丰臣秀吉。当看到丰臣秀吉将小田原城团团围住，胜败之势已不言自明时，奥羽各族便争先恐后想要与丰臣秀吉结好。因此，当小田原开城，丰臣秀吉来到陆奥之后，整个奥羽地区便兵不血刃地臣服到了丰臣秀吉脚下。丰臣秀吉的东征之旅，便如同游览山川、巡视各处风土人情一般顺利地结束了。

第3节 奥羽划分

如上所述，早在小田原之战前，丰臣秀吉对于奥羽的处置方略便已经确定。征服小田原之后，丰臣秀吉便毫不费力地平定了奥羽。因此与其说是对奥羽的征讨，不如说是对奥羽的处理。奥羽的划分主要交由伊达政宗负责，丰臣秀吉同时指派浅野长政、木村清久辅助伊达政宗处理此事。划分奥羽的主要方针是：奥羽诸族中已经归顺者要进行安抚，不服者则要进行征讨。伊达政宗

被丰臣秀吉委以如此重任，心中甚是感激，对划分一事的操办极其卖力。丰臣秀吉也仅是以巡视的形式到过会津，在将奥羽的势力范围划分完毕之后，便班师回朝了。对奥羽的处理大致如下。

如前所述，会津是伊达政宗打拼多年才最终得手的土地，但收回会津是丰臣秀吉处理奥羽问题的基本方针。会津的战略地位十分重要，可以说是整个奥羽的咽喉所在。如果以会津为根据地则不仅可以控制整个奥羽，还可以控制北陆，因此掌握会津是伊达政宗多年来梦寐以求的目标。正因为会津如此重要，所以丰臣秀吉将伊达政宗所占领的其他都邑都许让给了伊达政宗，唯独会津除外。天正十八年（1590年）六月九日，伊达政宗拜谒完丰臣秀吉后准备归国，丰臣秀吉派木村清久、浅野正胜跟随伊达政宗一同回国，前往接收会津黑川城①。丰丰臣秀吉对待此事行动如此之迅速，足见其对会津之重视。据《浅野文书》记载，丰臣秀吉原本打算亲自前往会津，并以会津为根据地平定奥羽。七月二日，丰臣秀吉在给浅野长政的书信中表示，小田原石垣山的工事一完成便会前往会津。七月三日，丰臣秀吉还让五奉行负责修筑前往会津的道路桥梁。另据《奥羽永庆军记》记载，丰臣秀吉命垣见弥三郎、西江八右卫门、水原藏之助建造由小田原至会津宽达三间的道路。丰臣秀吉有大军出动之际先修造道路桥梁的习惯，因此也有必要研究一下丰臣秀吉的军事战略与军用道路之间的相关问题。此外，据《政宗事迹》记载，丰臣秀吉还命令伊达政宗征收

---

① 今福岛县会津市若松城。——译者注

军粮，并将粮草全部运到会津。据箱根①权现②别当③金刚院文书记载，丰臣秀吉于天正十八年（1590年）七月十二日给伊达政宗用日语假名写成的书信中写道："十七日将向会津进发，月中必到达会津。"综合以上资料可知，丰臣秀吉的确是有将会津作为平定奥羽的根据地的想法。此后，丰臣秀吉将蒲生氏乡分封至会津一事也佐证了这一点。

天正十八年七月九日，丰臣秀吉命浅野长政致信伊达政宗，告知自己将要前往奥羽一事，命其先行一步与五奉行协商建造临时寓所。之后，丰臣秀吉从小田原启程前往奥羽，并在沿途留下兵将驻守诸城，同时发布政令。据《奥羽永庆军记》显示，丰臣秀吉让明石右近留守武藏国岩槻城、池田备中留守栗桥城、田中吉政与石川备后守留守下野国小山城、增田长盛与金森法印及大沟侍从④留守宇都宫城、曾根侍从留守下总国关宿城、伊藤长门守⑤与青木纪伊守⑥留守奥羽白河城，然后让蒲生氏乡与木村清久留守会津。丰臣秀吉之所以如此安排，显然是为了不时之需。同时，丰臣秀吉给上述地方下达过政令，通过对给宇都宫国纲的政令，可以了解丰臣秀吉的施政方针。政令是为诸公人⑦及一般百姓制定的，制定了公人所领年俸钱米的数量标准，以及禁止向

---

① 日本地名，位于今神奈川县西部。——译者注
② 日本神道教与佛教融合而产生的一位神。——译者注
③ 负责管理神社、寺庙的官员。——译者注
④ 据考证，应是织田秀雄。——译者注
⑤ 伊藤盛正。——译者注
⑥ 青木一矩。——译者注
⑦ 公务人员。——译者注

百姓征收规定之外的地租徭役，另外禁止人身买卖，还设定了金银的标准价格等。这一规定不是仅针对宇都宫国纲一人的，丰臣大军所经沿途各地都应遵守。可以说，这些规定条目虽少却切中要害。七月二十六日，丰臣秀吉来到宇都宫并召见了伊达政宗、木村清久及最上义光等人，商议奥羽的划分问题。右笔木下吉隆在给伊达政宗的信中表明，丰臣秀吉打算在征求伊达政宗的意见之后再对奥羽进行划分。当时伊达政宗为迎接丰臣秀吉，已先期到达白河城等候。丰臣秀吉甫一到达，伊达政宗便直接赶来拜见。丰臣秀吉将自己在战场上经常穿戴的一副甲胄赠给了伊达政宗，由此可见丰臣秀吉对伊达政宗颇有好感。丰臣秀吉命伊达政宗提供支援，助浅野长政与木村清久平定尚未降服者。之后丰臣秀吉在宇都宫城召开评议会议，商讨奥羽的划分问题，其评议结果主要如下：

一、一直以来，那须资晴自恃为关东名门望族且正值壮年孔武有力，不愿屈服于丰臣秀吉，因下野国那须乌山城城主那须资晴没有来小田原拜谒，丰臣秀吉决定对其进行处罚，没收其领地。那须氏的老臣们对此十分忧虑，派人前往拜见丰臣秀吉为那须资晴求情，称那须资晴是因有疾在身才无法前往谒见，请求原谅，但没有得到原谅。丰臣秀吉依然决定没收那须氏的领地，同时念及那须一族为名门，丰臣秀吉特意签署朱印状保全了那须氏全家性命。

二、天正十八年（1590年）七月二十七日，丰臣秀吉致信南部信直，将南部所辖七郡授予南部信直，同时要求毁掉其封地内的诸城池，并命其妻儿前往京都居住。他们实际上便成了丰臣秀吉的

人质。丰臣秀吉在信的末尾着重表示"如有异议，后果自负"，由此可知丰臣秀吉态度之强硬。南部信直对此自然不敢有异议，于是毁弃了领地内的四十八座城池中的大部分，只留下了其中十二处。按照《南部家谱》记载，南部氏的老臣将毁弃的各城城名进行了汇总上报，名为《诸城破却书》。

三、天正十八年八月一日，丰臣秀吉给常陆国的佐竹义宣颁发朱印状，正式将其所占有的领地划分给佐竹氏所有，同时将佐竹义宣任命为常陆国的大名，并以佐竹义重年老为由令其子佐竹义宣代为执事。佐竹义宣重金贿赂了丰臣秀吉的宠臣石田三成，借丰臣秀吉之命将常陆三十三家旧氏族全部诛杀，并吞并其领地。自此，佐竹氏与当时的德川家康、毛利辉元、上杉景胜、前田玄以、岛津义久家族一起被人称丰臣秀吉政权的"六大家族"。即便如此，丰臣秀吉同样命令佐竹义宣将其妻儿送往京都居住。为行路方便，丰臣秀吉向佐竹义宣拨付了马百匹、人三十同行。此外还有最上义光的妻儿也被勒令前往京都居住。后来德川家康也效仿丰臣秀吉，让诸大名将其妻儿送往江户居住。

四、天正十八年（1590年）八月六日，丰臣秀吉正式对岩城常隆的封邑进行了确认。如前所述，岩城常隆为拜见丰臣秀吉亲自前往小田原，后病逝于镰仓。由于岩城常隆没有子嗣，于是家臣们进行合议，拟将佐竹义重的三子岩城贞隆立为继承人。丰臣秀吉同意了这一安排，将磐平城授予岩城贞隆。

以上便是宇都宫评议的主要内容与结果。

天正十八年八月九日，丰臣秀吉到达会津，开始对奥羽进行划分，并向没有前来小田原拜见的大崎义隆、葛西晴信、石川昭

光、白河义亲等进行问罪,没收了他们的领地。大崎义隆、葛西晴信的三十万石领地被授予木村清久父子。会津四十万石领地被授予蒲生氏乡,让其控制陆奥国。次年(1591年),由于浦生氏乡在平定九户政实之乱中建功,被追授百万石。据《家忠日记》《细川家记》等记载,丰臣秀吉原本想将细川忠兴分封至会津,因细川忠兴拒绝才将浦生氏乡分封至会津。丰臣秀吉召见蒲生氏乡及木村吉清、木村清久父子,让木村清久拜浦生氏乡为主公、家父,并嘱托其今后不要在京城为官而是要扎根会津,同时让蒲生氏乡要视木村清久如同己出。丰臣秀吉对木村清久下达命令,如有叛乱发生,木村清久要与伊达政宗一起支援蒲生氏乡。后来奥羽果真发生叛乱,可见丰臣秀吉非常有先见之明。此外,丰臣秀吉将岩濑城授予了蒲生氏乡的妹夫田丸直昌,并将白河城授予了关右兵卫①,让二人听命于蒲生氏乡。关于将蒲生氏乡分封至会津一事有诸多说法,据《老人杂话》记载,由于会津是关八州要地,必须由可堪重任之人在此镇守,当时很多人都认为细川忠兴可堪此任。但丰臣秀吉认为这些人见识短浅,认为此地除了蒲生忠三郎②无人胜任,于是将蒲生氏乡分封至会津。另据《落穗集》记载,丰臣秀吉问德川家康,会津为控制陆奥全境之要地,何人可当镇守大任?丰臣秀吉要求德川家康与自己一样,将各自认为合适的人选写于纸上。结果,德川家康所写第一人选为蒲生氏乡,第二人选为堀右卫门③,而丰臣秀吉的一二人选分别为堀右

---

① 关一政。——译者注
② 蒲生氏乡。——译者注
③ 堀秀政。——译者注

卫门与飞騨守①，虽然顺序不同，但二人均认为堀秀政是最合适人选。书中内容真假难以确认，但会津是奥羽地区咽喉重地是确凿无疑的。

丰臣秀吉在会津仅逗留三日，在留下丰臣秀次及浅野长政等人继续处理奥羽划分事宜之后，天正十八年八月十二日丰臣秀吉从黑川城出发回京，并于九月一日到达京都。八月十七日，蒲生氏乡、伊达政宗、木村清久三人赶赴葛西、大崎二地接收了葛西氏与大崎氏的领地。之后，伊达政宗与浅野长政继续率军前往九户，攻打南部氏的叛将九户政实的居城福冈城②，并于九月二十八日拿下该城。十月二日，浅野长政攻打田村宗显的居城三春城并将其攻下。田村宗显与伊达政宗有姻亲关系，一直隶属于伊达氏，因此仗势不去小田原拜见丰臣秀吉。为了处罚田村宗显，丰臣秀吉决定没收其领地。慌了神的田村宗显拜托伊达政宗哀求丰臣秀吉收回成命，但这自然是徒劳的。

至此，奥羽划分工作基本告一段落，随后丰臣秀吉命浅野长政对陆奥地区进行检地，界定各氏族之间的领地界限。同时，天正十八年八月一日，丰臣秀吉令上杉景盛与木村重兹、大谷吉继③对出羽地区进行检地，时至今日仍有当时检地的账本被发现。至此，奥羽之地全部归为丰臣秀吉治下——丰臣秀吉也终于实现了

---

① 锅岛直茂。——译者注
② 亦名九户城。——译者注
③ 大谷吉继，又名大谷吉隆。——译者注

一统日本的夙愿,虽然在不久之后发生了葛西氏①与大崎氏②之乱,九户氏③也随之发生叛乱,但均在第二年(1591年)春便被迅速平定了。

第4节 葛西、大崎之乱

平定陆奥国之后,丰臣秀吉没收了葛西晴信与大崎义隆的领地,并将其转封给了木村吉清、木村清久父子俩,食三十万石。于是,木村吉清搬到了原葛西晴信领地的登米郡登米城,而木村清久则搬进了大崎义隆旧领地的志田郡古河城。失去领地的葛西晴信与大崎义隆的旧臣们树倒猢狲散,在旧领地成了庶民。木村吉清祖上出身不高、部众稀少,便趁此机会收编了大量的武士浪人。同时,还录用了来自京城附近的各类人员,将他们或立为各城城主,或将其中的"中间"④"小者"⑤等地位不高者晋升至武士阶层,并加以利用。然而,这些人却经常恃强凌弱、作威作福,其中有部分暴民甚至冲进大崎义隆、葛西晴信家中,抢回了自己原来所纳贡赋,甚至还掠夺了他们的妻妾及下人的财物,其行为无法无天。葛西晴信与大崎义隆的旧臣对此十分愤慨,在忍无可忍的情况下煽动当地百姓准备于天正十八年(1590年)十月十六日起事。得到消息的木村吉清父子聚到佐沼城商量对策之际,被

---

① 葛西晴信。——译者注
② 大崎义隆。——译者注
③ 九户政实。——译者注
④ 最下层武士。——译者注
⑤ 在武家做杂役的身份较低的人。——译者注

突然赶来的起义军团团围住而束手无措。当时,正在白河城的浅野长政闻讯便立即返回二本松城,命令浅野正胜前往米泽城催促伊达政宗出兵,同时向蒲生氏乡通报了民变一事。

天正十八年（1590年）八月十八日,出羽北部也发生了起义。起因是木村重兹在奉丰臣秀吉之命对大谷吉继的领地进行检地过程中有过分之举,从而激起民愤发生民变。民变在两地几乎是同时发生的,应是双方事先联络好的。出羽的民众起义虽然一度势头迅猛,但在上杉景胜的剿讨之下,年内便宣告平定。

伊达政宗接到发生民变的讯息之后,于天正十八年十月二十六日与浅野正胜率军从米泽城出发,之后到达石城城。蒲生氏乡曾向伊达政宗表示过自己也将出兵平叛的意愿,但伊达政宗没有同意。伊达政宗告诉蒲生氏乡自己先行出兵征讨,然后会根据形势发展决定是否需要蒲生氏乡出兵。此前,前往佐沼城议事的木村清久让部下继续镇守古河城,但古河城被蜂拥而至的起义军所围困,因无法抵挡起义军的攻势,古河城守军被迫于十一月三日弃城逃跑。得势的起义军随即趁机攻打黑川郡小野城。正在江户城的德川家康在得知民变的消息后,立即派榊原康政为先锋率军前去平叛,同时命令结城秀康赶赴白河城支援。蒲生氏乡在接到伊达政宗的答复后,按兵不动,观望形势发展。当蒲生氏乡听岛榊原康政出兵的消息后竟心生不安,于是冒雪出兵,并将出兵的缘由通报给了浅野长政。伊达政宗当时正在黑川郡下草城驻军,十一月十四日听到蒲生氏乡出兵的消息后,便派人通知蒲生氏乡于次日前往下草城商议进兵一事,蒲生氏乡表示同意。然而,伊达政宗手下有个叫须田伯耆的大臣,因为某种原因对伊达

政宗怀恨在心,并一直伺机报复。须田伯耆认为此时是天赐良机,便偷偷溜出下草城来到浦生氏乡所在的松森城,警告浦生氏乡称伊达政宗心怀不轨,让其小心防备。与此同时,伊达政宗的右笔之中有个叫曾根四郎的人,模仿伊达政宗的笔迹已经达到出神入化、几乎无人能识破的境地。此人曾因触怒伊达政宗而逃走隐匿,当时也决定利用此次机会报复伊达政宗。此人伪造了一封伊达政宗与起义军相勾结的书信,并将其呈报给了蒲生氏乡。蒲生氏乡得到二人的通报之后十分震惊,开始怀疑伊达政宗,于是便称病不去会面。不仅如此,蒲生氏乡还加强了对伊达政宗的防范。十一月十五日夜,蒲生氏乡独自领兵进入大崎氏领地,于次日攻陷了玉造郡名生城,并严密防守此城。葛西、大崎之乱由此演变成了蒲生氏乡与伊达政宗的对抗,形势变得越发严重起来。

当伊达政宗得知蒲生氏乡独自前去攻打名生城的消息后,也准备率军前往,不巧因病而未能进军。当伊达政宗准备再次发兵时,蒲生氏乡已经攻下了名生城。伊达政宗因此只好调转部队朝大崎氏的旧领地栗原郡的宫泽城进发。由于宫泽城城池坚固,久攻不下,于是伊达政宗派人前往名生城请蒲生氏乡前来商议对策,但蒲生氏乡拒绝使者入城。伊达政宗无奈,只能率军前往位于原大崎氏边境地区的远藤高康的居城志田郡的松山城。十一月二十日,伊达政宗从松山城出发,前往攻打志田郡的中目、师山二城,攻陷二城之后,准备继续攻打高清水城。伊达政宗派浅野正胜前往名生城,转告了自己想与蒲生氏乡共同进兵的想法,蒲生氏乡表示同意。然而,大崎氏旧臣的高清水城城主高泉隆景一听到伊达政宗前来攻城,便主动开城请降了。伊达政宗接受了

高泉隆景的投降,入城之后准备继续攻打宫泽城。宫泽城城主岩崎义久父子闻讯自杀谢罪,请求放过其他守军。伊达政宗表示同意,随后将宫泽城收入囊中。但蒲生氏乡没有按照约定出兵,而是继续坚守名生城不出。十一月二十二日,伊达政宗打算让佐沼城的后卫军与自己共同前去营救木村吉清父子,并通知蒲生氏乡十一月二十三日前来高清水城议事。蒲生氏乡当时表示同意,最终却仍没有按时赴约。蒲生氏乡为逃避责任,于是主动向伊达政宗约定在十一月二十四日共同进兵。伊达政宗接到蒲生氏乡的书信后认为,如果二十四日共同进军佐沼城的话,叛军必然不能抵挡,可解佐沼城之围。然而,蒲生氏乡非但没有如约而至,反倒派人前往京都面见丰臣秀吉,状告伊达政宗谋反。如此一来,事情变得更加复杂了。

丰臣秀吉对蒲生氏乡带来的消息表示难以置信。和久宗是在给伊达政宗的书信中曾写道:"关白殿下没有视你为敌人的想法,因为在小田原之战时你非但没有成为敌人,反倒加入我方,并且将会津献出,足见君之忠义。小田原城破城之际也并无反叛迹象,甚至在将妻儿送至京都为质期间也无反意。"和久宗是是丰臣秀吉的右笔,与伊达政宗关系深厚,他极有可能将丰臣秀吉的机密信息透漏给了伊达政宗——他在给伊达政宗的书信中附上了所抄写的蒲生氏乡状告伊达政宗的谋反信便是明证。如同和久宗是在书信中所写那样,蒲生氏乡在状告信中表示有流言认为,伊达政宗送到京都为质者并非伊达政宗真正的妻儿。丰臣秀吉对蒲生氏乡的状告表示怀疑,但为防万一还是决定派德川家康与丰臣秀次出兵。

在伊达政宗的解救之下，从佐沼城脱困的木村吉清父子前往名生城会见蒲生氏乡，极力向蒲生氏乡说明伊达政宗并无谋反之心，蒲生氏乡的疑虑至此才消除。十一月二十六日，蒲生氏乡再次上书丰臣秀吉，禀明伊达政宗并无谋反之心，于是丰臣秀吉下令德川家康等人停止出兵。丰臣秀吉对蒲生氏乡的轻易举报之事很是不满。和久宗是在给伊达政宗的信中写道："羽忠三[①]道听途说不谨慎而上书告状，丰臣秀吉很是生气。"十一月二十八日，蒲生氏乡与伊达政宗签订誓约书，起誓不再互相猜疑误解。二人虽然和好，但蒲生氏乡依然龟缩在名生城中不敢出来。蒲生氏乡应该是不知道伊达政宗的真实想法，害怕出城之后受到伊达政宗的攻击。伊达政宗通过浅野长政向蒲生氏乡表明自己没有异心，并给蒲生氏乡写了一份有关此事的保证书。同时浅野长政也告诫蒲生氏乡不要再胡乱猜忌，然而，蒲生氏乡为确保自身安全，要求伊达政宗将麾下的留守政景或伊达成实送来作人质，但当时此二人正在大崎方面作战，无法送给蒲生氏乡作人质，于是伊达政宗让国分盛重代为人质，但这仍未打消蒲生氏乡的疑虑。丰臣秀吉担心二者关系的僵持会生变故，于是于十二月十八日向正在宇都宫城的丰臣秀次发出命令，命其与德川家康一起前往白河或岩濑城，沿途接收伊达政宗的属城后坚守白河口，并让其事先准备充足的粮草。丰臣秀吉同时还表示自己将于第二年（1591年）正月前往尾张国清洲狩猎，同时还给下野国的太田原备中守[②]下令，为保

---

① 蒲生氏乡。——译者注
② 大田原晴清。——译者注

障陆奥国与京都间的通信畅通，命其设置飞脚二十人日夜兼程发送书信。关于设置飞脚一事应该不仅仅是对大田原晴清的命令，应该是给陆奥国到京都之间的诸氏都下达了相同命令。由此可见，丰臣秀吉对陆奥地区的形势十分担忧。

当时，德川家康得到叛乱的消息后，便立即派榊原康政率兵前往陆奥地区支援平叛。当通过榊原康政的急报得知陆奥地区的形势十分严峻之后，德川家康于天正十八年十二月二十七日向丰臣秀吉发送紧急报告，详细描述了陆奥地区的紧张局势。由于德川家康的报告内容与丰臣秀吉从其他渠道获得的报告内容不尽相同，使丰臣秀吉一时难辨真伪，难以做出决断。此事也被记录在了和久宗是的书信之中。最终，丰臣秀吉命令德川家康与丰臣秀次亲自前往陆奥地区平叛。

因为当地情况不明，和久宗是于是致信伊达政宗，劝其立即前来京都汇报情况。和久宗是表示，虽然丰臣秀吉相信伊达政宗没有二心，但由于蒲生氏乡不断进献谗言，伊达政宗如不立即前来说明情况的话，丰臣秀吉难免会心生疑窦。因此，和久宗是劝伊达政宗放下手头所有事务即刻进京。蒲生氏乡一直怀疑伊达政宗图谋不轨，一直坚守名生城不出，这使得事态变得更复杂，于是伊达政宗听从了和久宗是的建议，带领伊达成实来到名生城，按照蒲生氏乡的要求让伊达成实充当人质。至此，蒲生氏乡对伊达政宗的疑虑才有所消除，并于次年二月（1591年）走出名生城返回会津，伊达政宗也随即返回米泽城。由于两人的紧张关系开始有所缓和，局势重归和平，于是驻扎在武藏国岩槻城的德川家康也奉丰臣秀吉之命退兵。

事后，丰臣秀吉开始追究陆奥之乱的责任，为此先召伊达政宗进京。由于叛乱之事责任重大，伊达政宗内心恐惧，不敢进京。然而，德川家康、浅野长政等给伊达政宗写信，表示将力保伊达政宗生命安全，劝其尽快进京，和久宗是也同样写信劝说伊达政宗。和久宗是在信中写道："如果延迟进京，即便进献大量财宝，秀吉大人也必然不会高兴。"和久宗是给伊达政宗出主意，认为进京便是最大的礼品，伊达政宗听从了和久宗是的建议，决定进京。然而，当时京畿的很多人认为伊达政宗不应进京。

丰臣秀吉按照计划，于天正十九年（1591年）一月十日以狩猎为名前往尾张国清洲。按照洞院时庆所著《时庆卿记》的记载，丰臣秀吉以商议东国军务为由，让德川家康与蒲生氏乡等前来议事。又据《萨藩旧记》记载，岛津义弘在给自己领国发送的书信中也表示，丰臣秀吉有故意东征之意，借此试探伊达政宗的态度。德川家康与蒲生氏乡来到清洲城与丰臣秀吉协商军政之后前往京都，丰臣秀吉则留下来等待伊达政宗前来。一月二十七日，伊达政宗到达清洲城。伊达政宗认为，如果叛乱一事的解释说明不被丰臣秀吉采信的话，自己必将获刑，于是做好了赴死的准备。按照《会津四家合考》记载，伊达政宗一行携带了一根用金箔包裹的用于磔刑的柱子。如前所述，伊达政宗前往小田原之时曾身着素服[①]，但并没有意外发生。伊达政宗到达的第二天，丰臣秀吉召见并盛宴款待了伊达政宗，以此来慰劳伊达政宗，同时也意图借此打消伊达政宗的疑虑。如果上述内容是出自野史杂记

---

① 丧服的一种。——译者注

自然不可信，但是出自伊达政宗给自己封国的书信，因而无可怀疑。信中写道："我向丰臣秀吉表示，此前坊间传闻皆非事实。"随后丰臣秀吉提供"传马[①]"命伊达政宗前往京都。二月四日，伊达政宗遵丰臣秀吉之命来到京都，下榻妙觉寺。伊达政宗甫一到达京都，便邀请自己熟识的在京的丰臣秀吉的将领们一起召开茶会，丰臣秀吉闻讯便向伊达政宗赠送了茶具。诸将对于是否前往茶会原本是有所忌惮的，听闻丰臣秀吉赠送茶具一事后便都打消了顾虑。《新纳文书》记载称："奥州[②]的伊达政宗由于迟迟不应召进京，故而丰臣秀吉准备出兵讨伐。但在他四日突然进京后，京师又归于平静。"由此可以推知，伊达政宗赴京之事当初在京畿被视作一个敏感问题，甚至是一种麻烦。

伊达政宗进京后不久，丰臣秀吉便开始着手处理相关人员。丰臣秀吉首先向木村吉清父子问罪，剥夺了其封地。至于伊达政宗，丰臣秀吉先是剥夺了其领地中的田村、盐松等五郡，同时却又授予其葛西等十二郡，并命令其继续剿灭剩余叛贼。伊达政宗原本以为自己无法洗刷谋反的嫌疑而会被严厉处罚，没想到却得到了丰臣秀吉极宽大的处理，因此颇感意外，甚至可以说是喜出望外。天正十九年（1591年）三月八日，伊达政宗在给自己封国的书信中表示，被转封筑紫、四国情非所愿，但同时对在陆奥国重新得到封地一事使用了"甚为幸运"一词，由此可见伊达政宗对此处理结果十分满意。三月十四日，伊达政宗官拜从四位下，任

---

① 驿站用快马。——译者注
② 陆奥国别称。——译者注

侍从兼任越前守之职。不仅如此,丰臣秀吉还将自己的姓氏"羽柴"授予了伊达政宗,并准备在聚乐第内为伊达政宗建造一座府宅,建造工作由浅野长政负责监理。据传,有三千个民夫日夜不停地抓紧为伊达政宗建造宅邸。被收录在《伊达文书》中的铃木新兵卫的书信写道:

一、伊达政宗被丰臣秀吉授予居宅,在左京大夫浅野长政的监督之下正在加紧建造。

二、聚乐第之雄伟即使如中国之咸阳宫也有所不及,着实让人瞠目。

丰臣秀吉以优待伊达政宗的方式,消除了伊达政宗对自己的所有疑惧。因此,二人之间不仅消除了隔阂,关系也日渐和睦。不料,随即又在陆奥国发生了九户政实之乱,陆奥再次陷入混乱,丰臣秀吉命伊达政宗立即回国平叛。伊达政宗于天正十九年(1591年)四月从京都出发回国,剿灭葛西、大崎之乱余党的同时,开始征讨九户政实。

第5节 九户政实之乱

葛西、大崎之乱的余党尚未完全剿灭之际,又爆发了九户政实之乱,陆奥地区再次陷入纷乱。

九户政实是南部氏的始祖南部光行第五子九部行连[①]的后裔，世代居住在九户郡宫野城，食俸三千石。天正九年（1581年），南部氏二十五代当主南部晴继十三岁时早逝。因为南部晴继没有子嗣，于是众人商议家督继承一事。九户氏在南部氏族中势力最强，且资格较老，因而族中很多人倾向于让九户政实接任，九户政实也自认为家督之位非己莫属。然而，南部氏有个叫北信爱的老臣通过一些手段，将南部信直立为家督。九户政实闻讯十分恼怒，决意要么武力夺位，要么仿照津轻为信[②]，先行独立之后再投靠丰臣秀吉，并最终得到丰臣秀吉的承认。天正十九年（1591年）正月，已有反叛之心的九户政实没有按照惯例向主家行新年参贺之礼。九户政实大量招揽葛西、大崎氏倒台后沦为浪人的武士们，并且说服了南部氏的重臣栉引清长、七户家国、一户图书等人入伙，让他们各自坚守自己的居城对抗主家南部氏。总之，由于九户政实实力强大，主家对其无可奈何，加之南部信直没有事先向丰臣秀吉报告此事，因而不敢擅自用兵征讨，只能采取对抗而不对战的态度。看到九户政实的势力不断扩大之后，南部信直派其子南部利直及北信爱前往京都，向朝廷状告九户政实谋反之事，同时向丰臣秀吉请示处置之策。接报后，浅野长政致信南部信直的家臣东政胜，表示自己近期将与蒲生氏乡、伊达政宗亲自前往平叛，并且会不断增派兵力。浅野长政同时在信中表示，德川家康也正在前往葛西、大崎，让南部信直继续坚守，以全忠义之名。当时为

---

① 还有一种说法是第六子。——译者注
② 津轻为信据传为南部氏旁支。——译者注

天正十九年（1591年）四月十四日前后，那时伊达政宗已经接到了扫除葛西、大崎氏残党及讨伐九户政实的命令。五月二十日，伊达政宗回到米泽城，然后于五月二十七日下令进军大崎。

丰臣秀吉于六月四日给德川家康发去委任状，命其统领陆奥军务。德川家康于六月七日下令出兵。六月二十日，丰臣秀吉完成了征讨陆奥的军事部署，让德川家康与丰臣秀次为大将，伊达政宗与蒲生氏乡为先锋从二本松口进兵，同时命佐竹义宣、宇都宫国纲等从相马口，上杉景胜从最上口分别出兵。此外，丰臣秀吉还给伊达政宗下达特别命令，命其将领地内的诸城上缴——将二本松口的诸城交由丰臣秀次、最上口的诸城交由大谷吉隆、相马口的诸城交由石田三成统辖。丰臣秀吉于前一年（1590年）东征之时，曾将东国沿途的诸城全部回收，并派驻朝廷的军队负责把守，此次仍是如此。这足以说明，丰臣秀吉对伊达政宗仍不放心，仍保持着适当的警惕。伊达政宗进入大崎之后，于六月二十四日开始攻打大崎氏旧将笠原民部所占领的宫崎城，并在破城之后将笠原民部诛杀。随后，伊达政宗继续前往攻打佐沼城，大崎乱党余部奋力防守，一时难以攻下。七月一日，佐沼城外城被攻陷，七月三日黎明时分，全城陷落，五百名士兵及两千余名乱民被诛。七月四日，伊达政宗继续发兵到达登米城。迫于伊达政宗的强大实力，乱党余部所占据的其他诸城纷纷乞降，伊达政宗要求他们出城后全部前往深谷等待朝廷降旨发落。丰臣秀次与德川家康于八月五日到达二本松城，蒲生氏乡和伊达政宗分别前来拜见。丰臣秀次首先向伊达政宗询问了大崎、葛西的平叛情况，伊达政宗表示诸城皆已平定，降者全部被集中在深谷等待发

落。丰臣秀次要求伊达政宗将这些人全部斩杀，伊达政宗将其中领头的二十余人首级送给丰臣秀次查验。之后，丰臣秀次又将人头送往京都。

至此，葛西与大崎余党基本被剿灭，叛乱得以平定。由于九户政实仍在作乱，蒲生氏乡与伊达政宗作为先头部队继续向南进军平叛，德川家康等也随即进入岩手泽城。在此之前，伊达政宗派人暗地里诱降九户政实的将士。诱降效果显著，倒戈者不在少数，只有九户城一城仍在坚持抵抗。九月一日，蒲生氏乡首先率军攻击九户政实的同党姊带兼政、根曾利某的居城，破城之后丰臣秀次随即进军三迫。秋田实季、小野寺义道率军从陆中国鹿角郡进兵，在法寺城击败枙引清长、七户家国等。虽已大难当头，但九户政实仍决意依靠浪打峠①之险来一举击溃朝廷之兵。蒲生氏乡以为强攻不利，于是留下一部继续佯攻外，自己则与浅野长政联手从背后突袭九户政实。九月二日，听说九户政实的根据地福冈城正遭受围攻的消息之后，浪打峠的守兵纷纷遁逃，蒲生氏乡乘胜追击并迫近福冈城。秋田、由利、津轻、松前等地援军也赶来助战，福冈城逐渐难以招架，九户政实、枙引清长、七户家国等人一起出城投降。九户政实的弟弟九户实亲却仍然占据内城殊死抵抗，但不久也城破投降，最终被杀。

至此，九户之乱得以平息。浅野长政奉丰臣秀吉之命将陆奥国的和贺、稗发贯、志和三郡加封给了南部信直。之后南部信直押解九户政实等人从福冈城出发，于九月十四日抵达丰臣秀次

---

① 日本专有汉字。——译者注

位于三迫的大营。丰臣秀次命令浅野长政诛杀了九户政实等人,并将首级送往京都。此间,德川家康正在为伊达政宗修筑岩手泽城,同时又修缮加固了扼守葛西、大崎两地的佐沼城。伊达政宗自己也修筑了水泽、江刺二城,并派兵把守。同时,蒲生氏乡也为南部信直修缮了福冈城,并在毁掉附近诸城之后于九月二十日撤军。

当岩手泽、佐沼二城修筑完毕后,丰臣秀吉随即下令伊达政宗从现在的居城搬往岩手泽城居住,同时没收了其长井、伊达、信夫、二本松、田村、盐松、川田六郡,并将此六郡转封给了蒲生氏乡;同时将伊达政宗旧领地黑川、宫城、名取、柴田、伊具、亘理六郡及宇多东郡、志田郡松山、桃生郡深谷一并授予伊达政宗,另外还加上了葛西、大崎等十二郡。至于蒲生氏乡,除了被允许继续掌管旧领地,还得到长井等六郡。至此,蒲生氏乡共计领有十六郡,食九十一万九千零四十二石。因此,许多书中往往四舍五入取个大概数值,称蒲生氏乡食"百万石"。

伊达政宗被新授的葛西、大崎的十二郡地域虽广,但土地荒芜,人烟稀少,其地租收入不及伊达、信夫等地的三分之一。浅野正胜比较同情伊达政宗,于是给施药院全宗及富田佐近[①]写信,拜托他们向丰臣秀吉说情,将长井郡当年的租税让于伊达政宗,但没有成功。不过,因为伊达政宗对往日蒲生氏乡的诬告之举至今仍心有余悸,现在反倒非常希望迁往偏远之地避避风头。然而,如同伊达政宗自己在书信中所表示的那样,他对丰臣秀吉将

① 即富田一白。——译者注

与自己旧领地相邻的葛西、大崎两地授予自己还是相当满意的。至此，陆奥地区又恢复了往日的平静。

第6节 丰臣秀吉对伊达政宗的评判

伊达政宗与葛西、大崎乱党勾结的嫌疑不管是真有其事还是纯属子虚乌有，都尚有许多疑点。伊达政宗十分机敏，自知与丰臣秀吉对抗不可能有胜算，但自己付出巨大代价才得到的会津被丰臣秀吉随意收走，的确让人有些同情；而蒲生氏乡却不费一兵一卒就得到了会津，伊达政宗心存不满也是自然的。如果有机会，伊达政宗必然想要收拾、捉弄蒲生氏乡一番。伊达政宗平时故意做出一副与世无争的样子，但当葛西、大崎发生叛乱时，他认为这是一个好机会，决定利用与蒲生氏乡共同出兵平叛之机进行报复。然而，蒲生氏乡警惕性很强，一早便察觉了伊达政宗的企图，做了周密防范，没有给伊达政宗可乘之机。因此，伊达政宗谋反的传言未必全是空穴来风。丰臣秀吉表面上不相信伊达政宗会谋反，但内心还是对伊达政宗有所怀疑。丰臣秀吉前后两次派德川家康与丰臣秀次出征平叛，自己后来也以狩猎为名前往尾张国清洲，故意做出将要东征的架势，以此来试探伊达政宗。由此来看，如果伊达政宗通敌之说仅是无稽之谈，丰臣秀吉没有必要如此重视，因此丰臣秀吉必然是对伊达政宗有所怀疑的。之前的小田原之战时，伊达政宗就曾利用丰臣秀吉与北条氏之间胜负未决之机不断扩张自己的势力，即便被丰臣秀吉屡屡召唤，伊达政宗也只是在一味观察小田原对阵的形势，没有轻易前往拜见

丰臣秀吉。当小田原即将城破、胜利的天平开始向丰臣秀吉一方倾斜时，伊达政宗才前去谒见丰臣秀吉。由此可见，伊达政宗是个非常狡猾的机会主义者。丰臣秀吉同时认为伊达政宗是一个能力超强之人，因而才决定拉拢、利用他，在表彰他平定奥羽之功时的优待有加便是丰臣秀吉的手段。当然，伊达政宗也被丰臣秀吉的大度深深折服。丰臣秀吉在优待伊达政宗的同时仍要对其狡猾之处进行惩戒，于是丰臣秀吉没收了伊达政宗费尽心血而得到的会津。有关伊达政宗谋反一事也是如此——伊达政宗甫一进京，丰臣秀吉便给予其极大甚至可以说是破格的优待，但同样还是没收了伊达氏历代的根据地伊达与信夫等地，并将伊达氏迁往葛西、大崎以示惩戒。由此可见，丰臣秀吉善于灵活利用手中的赏罚之权来操纵天下英雄，同时伊达政宗也深知丰臣秀吉的这些伎俩，因而表面上故意做出臣服的姿态，真可谓"英雄识英雄"也。后来，在准备出兵朝鲜之际，身在肥前国名古屋城的丰臣秀吉在某天夜里与施药院全宗进行对话。在说起伊达政宗时，施药院全宗对其赞赏有加，令丰臣秀吉突然变脸，厉声质问施药院全宗如此赞赏伊达政宗，是不是受了伊达政宗的请托。丰臣秀吉同时表示："伊达政宗包藏祸心，想要伺机打击蒲生氏乡。他一直心怀不轨，由于蒲生氏乡行事周到，没有漏出破绽，伊达政宗才未能成功。我非常清楚这些事情的来龙去脉，我之所以饶恕他，是为了让其感恩戴德以此向海外宣扬我的德行，并借以树威。因此，伊达政宗对谋反一事所进行的辩解，我就姑且听之信之，权当没有此事发生，故而留其一命。但你对他的评价确是言过其实。"此事载于《会津四家合考》，此书记述的是当时各种时

事，由此可见，丰臣秀吉对待伊达政宗的态度是众所周知的。

总之，丰臣秀吉通过小牧之战征讨德川家康而后平定东海，然后利用小田原之役灭掉北条氏而平定关东，奥羽之战让伊达政宗臣服从而又平定东北，至此丰臣秀吉完成了一统日本的大业。丰臣秀吉征讨奥羽实际上便是对伊达政宗的征伐，对奥羽的处理自然也是对伊达政宗的处理。换言之，丰臣秀吉征讨奥羽如果不是以处理伊达政宗为中心，则奥羽问题无法从根本上得到解决。

第 22 章
德川家康关东入国

如上所述,丰臣秀吉在小田原之战获胜后,于天正十八年(1590年)七月十三日将德川家康分封至关八州。德川家康在得到任命后便立即着手准备从骏河城出发赴任,并于八月一日进入江户城,此事在历史上被称为"关东入国"。德川家康关东入国前后发生的事情原本没有太翔实的资料,直到《天正日记》的发现,才使得此事的相关历史脉络变得明晰起来。此书由水户小宫山绥介氏所藏,作者应为信浓国高远城城主内藤清成的某位家臣。据说小宫山氏藏本是摹本,原本至今尚未发现。据此书记载,天正十八年(1590年)五月二十七日,丰臣秀吉便已经在内部下令让德川家康从骏河国迁往江户城,六月六日,内藤清成受德川家康之命派部下平右卫门、平八郎及藏助三人赶赴江户城考察,这被认为是德川家康江户经营的开端之举。六月十一日,三人计划下榻于青山①。六月十八日,三人从江户城返回复命,报告称江户城长三十四町、宽十二町。六月二十日,有个叫六乡殿的人前来托请内藤清成,让其帮忙在江户海边求购宅基地一处。六月二十六日,从骏河国来了七人,请求内藤清成带他们一同前往江户城。六月二十八日,有"江户事,今日定"的记述,此表述可以认为是德川家康被转封关八州一事的正式公开。进入七月后,有关关东入国的消息便开始频繁地出现在《天正日记》中。七月十二日,一个叫藤五郎的人开始着手负责江户的水道工作。根据史料记载,藤五郎其人便是德川家康菓子司②大久保主水忠行③的初

---

① 东京的一个地方。——译者著
② "菓子"是点心之意,"菓子司"是指专门负责制造点心的人。——译者注
③ 大久保忠行,主水是职务,也可以看作是官职名。——译者注

名。此人原本是三河国一町人①，善于制造点心，专为官府制造点心。德川家康关东入国之际便跟随德川家康来到江户城，同时由于大久保忠行善于治水，因而被德川家康赐名为"主水"。此后，其子孙继承家业，仍以向朝廷进献点心为业。七月十三日的记述显示，日记作者于该日先行出发前往江户城，之后有关江户城经营的记录更是一直不断。以上便是《天正日记》中有关关东入国的主要内容。

从《天正日记》来看，德川家康在八月正式进入江户城约三个月前便已开始着手江户城的经营工作。换言之，德川家康从五月便已经开始着手江户城的市政建设，水道建设便是其中之一，但也有人认为时间应该没有这么早。通过对《天正日记》的仔细考察发现，该书内容真伪难辨，因为该书的记述内容并不连贯，特别是天正十八年（1590年）五月至十二月之间的内容多有缺失。由于文中所用文体十分古老，所以不少人认为《天正日记》内容真实可信。这里根据已经确定的史实试列举其中的几个可疑之处。

一、《天正日记》中记载，丰臣秀吉于天正十八年六月二十七日命令德川家康由骏河国出发前往江户。有人认为这为时过早，但据《家忠日记》天正十八年四月二十二日中的"关东诸城均归我方，责令户田三郎左卫门前往江户"的记载来看，前去接收江户城者为德川家康的家臣户田三郎左卫门，与《天正日记》中的记述并不矛盾。由于《家忠日记》的记述内容过于简单，并不能充分展现事件的前因后果，还需要其他各种资料进行

---

① 町人指市井中手工业者。——译者注

佐证。综合《创业记考异》《神君年谱》《家忠日记》《增补武德太平记》等来看,当时武藏、相模、上总、下总、常陆、下野等国的诸多城池或是被丰臣秀吉大军攻下或是投诚。户田三郎左卫门此时应该正随德川家康大军前往江户城途中,此后户田三郎左卫门又转而前往相模国筑井城。由此来看,此时江户城尚未被授予德川家康,户田三郎左卫门只不过是受丰臣秀吉之命前往接收江户城而已。《天正日记》之所以记述天正十八年五月下旬丰臣秀吉便已将江户城封给德川家康,恐怕是受了《武德太平记》等资料中有关天正十八年五月上旬丰臣秀吉命令诸将前往接收武藏、下总两国等诸城的记述影响,于是才记述称是天正十八年五月二十七日丰臣秀吉将德川家康由骏河国转封江户城。江户城与武藏国钵形城、忍城等诸城一样,一直坚持抵抗至天正十八年六七月,武藏国被平定则是在七月十二日的小田原城开城归降之后,因此五月就已经出现将德川家康转封江户城的内部命令是不合道理的。《家忠日记》中"近日将国替[①]"的记述也证明,将德川家康转封至江户城是在六月下旬。因此可以说,五月之说不符合事实。况且德川家康被转封关八州是在七月十三日,当天正是丰臣秀吉与德川家康进入小田原城的良辰吉日,因而丰臣秀吉才借此良机决定于当天将德川家康转封关八州。据《家忠日记》记载,德川家康接到丰臣秀吉的命令之后,马上派松平家忠回到三河国,让其负责德川家家眷搬迁一事。因而这才是德川家康准备关东入国的第一步,也是其开始着手经营江户的开端。《天正日

---

① 转封,即向江户转移之意。——译者注

记》中，天正十八年（1590年）五六月德川家康便已开始着手建设江户宿驿①，整备街市的说法难以让人信服。

二、《天正日记》中有关天正十八年六月十八日的记述显示，德川家康已经开始掌管并经营江户城的街市，并计划建设青山宿。如前所述，那个叫六乡殿的人在六月便想要在江户置办宅基地也是为时过早。江户街市的经营是德川家康于八月一日进入江户城后才开始着手，此前便已开始着手之说，实在让人难以相信。

三、《天正日记》中记述，天正十八年七月二日，德川家康命令藤五郎在江户城修建水利。但根据《大久保主水由绪书》记载，藤五郎是在跟随德川家康进入江户城之后才领命开始修建水道的。所谓水道是指什么，书中并没有明确记载，估计应该是指神田上水②。按照常识，水道一般是在街市建设完毕之后再行设计，先于街市设计这一点值得让人怀疑。

四、有关天正十八年六月一日的天气，《天正日记》记述为"好天气"，而《家忠日记》的记述则为"降雨"。当时《天正日记》的作者与《家忠日记》的作者松平家忠均在小田原阵中，同一天的天气记述竟然如此迥异，不合常理。《家忠日记》毫无疑问可信度极高，因此，同一天同一地天气的不同便是《天正日记》的破绽之一。此外，《天正日记》将德川家康称为"大殿样③"，而《家忠日记》则称为"只殿样"。后来德川家康将征夷大将军一职让于德川秀忠之后才被称为"大殿"，因此当时不应

---

① "宿"指旅馆，"驿"为驿站。——译者注
② 上水指以饮用、洗涤为主的渠道。——译者注
③ "样"在日语中放在人名或职称后面表示尊重。——译者注

该出现"大殿"的称呼。乍一看《天正日记》与《家忠日记》的简洁文风十分相似,但有很多谬误。虽然《天正日记》故意将自己伪装成当时所流行的古文风格,但文中出现了很多后世才产生的词汇。比如天正十八年(1590年)八月四日有"四处出水,各个吟味"的内容,根据其前一天的记述来看,由于近日大雨不断而四处洪水泛滥,"吟味"是对泛滥之处进行调查之意。然而,"吟味"是后来才出现的词汇,不应出现在当时的文献中,这便是第四个可疑之处。

五、通过以上四个可疑之处便有充分理由相信《天正日记》是后世伪造的。可以断定该书真伪的决定性一点是,《天正日记》在天正十八年(1590年)六月一日的记述中写道:"伊达政宗秘密拜见内藤清成是源于结城秀康的介绍。"由此来看,伊达政宗是通过结城秀康的介绍前往拜访内藤清成的,请其替自己向德川家康疏通关系。六月二日的记述又称,《天正日记》的作者"被命令为伊达政宗与结城秀康准备食物与洗澡水"。由此记述可见,伊达政宗于六月一日便已经到达小田原。而据《伊达政宗事迹考》记载,伊达政宗在六月六日写给在岩城常陆的家臣志贺甘钧斋[①]的书信中明确表示"昨日到达小田原阵中",由此可见伊达政宗到达小田原是在六月五日。因而《天正日记》与《伊达政宗事迹考》中有关伊达政宗到达小田原的时间是矛盾的。而如《天正日记》所述,伊达政宗是通过结城秀康的介绍,先面见了内藤清成之后,再拜托内藤清成与德川家康建立的关系。但像前章已

---

① 志贺武治。——译者注

经提及的那样，伊达政宗与德川家康之间不仅直接通信而且关系亲密，根本不需要内藤清成等人再从中做好。再者，当时结城秀康年仅十七岁，天正十八年（1590年）八月五日才继承的结城家。依结城秀康当时的年龄来判断，结城秀康绝非有能力参与并妥善处理如此重大事件。由此可见，《天正日记》的记述与当时的形势不合，由此便可断定此书的真伪。

此外，内藤清成当时如果负责江户的经营工作，则应该是"町①奉行"一职。小宫山绥介氏通过对《天正日记》的考证发现，日记中完全没有当时内藤清成作为"町奉行"负责工作的证据。再通过对《内藤家谱》及《宽永系图》等资料的综合考察发现，当时内藤清成是德川秀忠的老师。由此便又可辨明《天正日记》的真伪。

---

① 此处的"町"为城市之意。——译者注